EDMUND HUSSERL

Die Krisis der europäischen Wissenschaften und die transzendentale Phänomenologie

Eine Einleitung in
die phänomenologische Philosophie

Herausgegeben, eingeleitet und
mit Registern versehen von

ELISABETH STRÖKER

FELIX MEINER VERLAG
HAMBURG

PHILOSOPHISCHE BIBLIOTHEK BAND 292

1977 Erste Auflage
1982 Zweite, verbesserte Auflage

Lizenzausgabe des Verlags Martinus Nijhoff, Den Haag

CIP-Kurztitelaufnahme der Deutschen Bibliothek

Husserl, Edmund:
Die Krisis der europäischen Wissenschaften und
die transzendentale Phänomenologie: e. Einl.
in d. phänomenolog. Philosophie / Edmund Husserl.
Hrsg., eingel. u. mit Reg. vers. von Elisabeth
Ströker. – 2., verb. Aufl. – Hamburg : Meiner,
1982.
(Philosophische Bibliothek; Bd. 292)
ISBN 3-7873-0575-0

Satz: Druckerei St. Otto-Verlag, Bamberg
Bindearbeiten: Himmelheber, Hamburg
Printed in Germany

INHALT

Die Krisis der europäischen Wissenschaften
und die transzendentale Phänomenologie
Eine Einleitung in die phänomenologische Philosophie

EINLEITUNG ZUR ZWEITEN AUFLAGE

‚Die Philosophie in der Krisis der europäischen Menschheit' lautete der Titel eines Vortrages, mit dem Husserl im Mai 1935 einer Einladung des Wiener Kulturbundes folgte. Eng verwandte Themen wählte er im November des gleichen Jahres für zwei Vorträge an der Deutschen und zwei an der Tschechischen Universität zu Prag vor dem „Cercle Philosophique de Prague pour les recherches sur l'entendement humain". In ihnen trug Husserl erstmalig seine Gedanken zur Krisisproblematik vor, mit deren späterer Ausarbeitung er sein letztes Werk der Öffentlichkeit übergab.

Unvollständig, da die Kräfte des 77jährigen, zumal angesichts nie ruhender Selbstkritik, sich der Vollendung versagten, wurde „Die Krisis der europäischen Wissenschaften und die transzendentale Phänomenologie" dennoch von einem Publikum staunend aufgenommen, zu dem aus diesem Alterswerk ein ganz anderer Husserl sprach als der Autor, der 1900/01 seinen Weg in die Phänomenologie mit ‚Logischen Untersuchungen' begonnen und diese zuletzt noch in seiner ‚Formalen und Transzendentalen Logik' von 1929 konstitutions-phänomenologisch vertieft und ausgeweitet hatte. Dagegen schien nun die Krisis-Arbeit jene bedeutsame Wende in der Spätphilosophie Husserls zu dokumentieren, mit der seine Phänomenologie – nach entschiedener Abkehr von früher begangenen ‚cartesischen' Wegen in die Korrelationsproblematik von wissenschaftlicher Objektivität und reiner, absoluter Subjektivität – schließlich zur *Geschichte* und zur *Lebenswelt* des Menschen gefunden hatte. Vornehmlich des Neuen gewahr, das diese letzte Einleitung Husserls in die Phänomenologie charakterisiert, – indes die nach Thematik wie Methode gleichwohl vorhandene Stetigkeit seines Arbeitens erst später bei fortschreitender Publikation des Nachlasses in Sicht treten konnte –, suchten auch solche Leser der ‚Krisis' Zugang zur Philosophie Husserls, denen seine früheren Werke mehr oder weniger fremd geblieben waren.

Die publizistische Erstfassung der Krisis-Arbeit konnte allerdings auf breite Leserschaft nicht rechnen. Husserl, der während des Naziregimes in Deutschland nichts veröffentlichen durfte, brachte sie 1936 im I. Band der in Belgrad erscheinenden Zeitschrift ‚Philosophia' heraus, geplant als Ersten Teil einer Folge weiterer Arbeiten, die sich im Ganzen einer neuen Einleitung in die transzendentale Phänomenologie fügen sollten. Ihre Wirkung blieb zunächst weitgehend auf das Ausland beschränkt. Eine französische Übersetzung von Edmond Gerrer, erschienen 1949 in ‚Les Etudes Philosophiques', fand in Frankreich Aufnahme in eine ungebrochene Tradition phänomenologischen Philosophierens, die insbesondere durch Maurice Merleau-Ponty früher als Husserls eigene Landsleute mit seiner Krisis-Arbeit vertraut geworden war. Mit ihrer Veröffentlichung in der Kritischen Gesamtausgabe des Husserlschen Werkes *Husserliana* im Jahre 1954 setzte jedoch eine Rezeption ein, die ihr mannigfache Fortwirkung auch außerhalb der Grenzen phänomenologischer Philosophie sicherte, und dies um so mehr, als hier erstmalig auch weitere Teile des Krisis-Werkes zum Abdruck kamen, die Husserl selbst nicht mehr publizieren konnte.[1]

Die hier vorgelegte Ausgabe, die allein die Abhandlung Husserls von 1936 (VI, Teil I und II) bietet, mag auf Einwände insbesondere derjenigen Kenner der Husserlschen Philosophie stoßen, die erst in der Fortsetzung den zentra-

[1] Vgl. Husserliana Bd. VI und die Einleitung des Herausgebers W. Biemel. Eingeklammerte römische Ziffern in unserer Einleitung verweisen auf den entsprechenden Band der *Husserliana*, nachgestellte arabische Zahlen sind Seitenangaben. Arabische Zahlen ohne vorangestellte Bandangabe beziehen sich auf Seiten dieser Studienausgabe.

Die Abhandlung der ‚Philosophia' ist in Bd. VI als Teil I und II abgedruckt, die Fortsetzung der Krisis-Arbeit – nach Husserls Manuskripten in der Bearbeitung seines damaligen Forschungsassistenten Eugen Fink – als Teil III A und B. Unter den ergänzenden Texten findet sich dort (VI, 314–48) auch der oben erwähnte Wiener Vortrag Husserls. Eine amerikanische Übersetzung besorgte 1970 David Carr in Northwestern University Press, Evanston, mit einer überaus sorgfältigen und nicht nur für amerikanische Leser instruktiven Einleitung.

len Teil der Husserlschen ,Krisis' sehen. In der Tat kommt erst dort die Lebenswelt-Problematik zur Entfaltung, auf die unser Text nur vorbereitend verweist. Die hier vorgenommene Textbeschränkung hat jedoch nicht nur äußerliche Gründe. Auch ist sie nicht durch Erwägungen bestimmt, es sollte dem Adressaten dieser Studienausgabe die Auseinandersetzung mit einigen Aporien der weiteren Teile der ,Krisis' vorerst erspart bleiben. Die Einsicht, daß ihre späteren Partien zum schwierigsten gehören, was wir aus Husserls Werkstatt besitzen, kann jedoch gerade durch das eingehende Studium des Textes der ,Philosophia' vorbereitet werden. Dessen geringster Ertrag wäre überdies nicht, wenn es Skepsis wachriefe gegen allzu voreilige Vereinnahmung Husserls für mancherlei spätere anders gelagerte Problematik, der Husserl ungewollt kaum mehr als den griffigen Terminus „Lebenswelt" geliefert hat, während dabei Eigenart und methodischer Ort dieses Husserlschen Begriffs in seinem Werk selber nicht selten dunkel geblieben sind.

So unverkennbar neuartig sich zwar die Lebenswelt-Problematik in Husserls Spätwerk ausnimmt, so deutlich gilt es andererseits zu sehen, daß primär nicht diese es ist, welche die vielerörterte letzte ,Wende' im Denken Husserls markiert, sondern seine Hinwendung zur Geschichte. Zwar war sie länger vorbereitet, als die ,Krisis'-Abhandlung von 1936 – nach vielen Jahren schweigender Arbeit Husserls – erkennen läßt. Zahlreiche Manuskripte Husserls zeigen, wie intensiv ihn die Frage der Geschichte seit 1921 fortwährend beschäftigt hat, ohne daß sich für ihn jedoch eine befriedigende Lösung abgezeichnet zu haben scheint.[2] In der Tat mußte die Geschichte für Husserls transzendentale Phänomenologie in eine neuartige Dimension des Fragens führen, so daß mit ihrem scheinbar unvermittelten Auftreten in der ,Krisis' vielfältig vorgebrachte Bedenken, ob nicht mit ihrer Berücksichtigung

[2] Einige dieser Manuskripte u. a. in Husserliana VI, XIV und XV. Viele weitere zum Thema Phänomenologie und Geschichte befinden sich noch im unpublizierten Nachlaß.

charakteristische Züge im bisherigen Vorgehen Husserls preiszugeben waren, nicht a limine von der Hand zu weisen sind. Der ‚Krisis' käme alsdann auch darin besondere Bedeutung zu, daß hier – anders als in den ebenfalls als Einleitungen dargebotenen ‚Ideen zu einer reinen Phänomenologie und phänomenologischen Philosophie' von 1913 (III), ‚Formale und Transzendentale Logik' von 1929 (XV) und ‚Cartesianische Meditationen' von 1931 (I) – ein grundlegend gewandeltes Verfahren zum Zuge gekommen wäre, das der Husserlschen Spätphilosophie ein prinzipiell neues phänomenologisches Gepräge geben mußte.

Dergleichen prinzipielle Fragen sind rechtmäßig nur an Hand des gesamten ‚Krisis'-Textes zu stellen.[3] Doch kommt auch für ihre Erörterung bereits unserem Text nicht geringe Bedeutung zu. Für dessen Gewichtung ist aber vor allem entscheidend, daß Husserl selbst seine Funktion „nicht in einem bloßen Vordeuten auf eine eigentlich gemeinte kommende Werkleitung erschöpft" sah. Obgleich er ihn anläßlich der späteren Aufnahme der Fortsetzungsarbeiten zunächst mit einer Ouvertüre verglich, die auf das eigentliche Werk nur vorausweist, nahm er diesen Vergleich jedoch dahingehend sogleich zurück, daß er die Abhandlung der ‚Philosophia' als „eine relativ in sich geschlossene Vorbesinnung, eine erste Selbstverständigung, Selbstberatung" ansah über eine neuartige „in unserer philosophischen Gesamtlage notwendig gewordenen Zielstellung und Methode der Philosophie" (VI, 435).

[3] Dazu P. Janssen, Geschichte und Lebenswelt, Haag 1970. Zur dort verarbeiteten Literatur ergänzend L. Landgrebe, Meditation über Husserls Wort „Die Geschichte ist das große Faktum des absoluten Seins", Tijdschrift voor Filosofie, 36. Jg. Nr. 1, 1974, S. 107–126; jetzt in seinem Sammelband: Faktizität und Individuation, Hamburg 1982, S. 38–57. Ferner D. Carr, Husserl's Crisis and the Problem of History. The Southwestern Journal of Philosophy, Vol. V, No. 3, 1974, 88, 127–148; E. Ströker, Geschichte und Lebenswelt als Sinnesfundament der Wissenschaften in Husserls Spätwerk. In: E. Ströker (Hrg.), Lebenswelt und Wissenschaft in der Philosophie Edmund Husserls, Frankfurt am Main 1979, S. 107–123.

Diese Gesamtlage als eine Krisensituation zu deuten; entsprang keineswegs nur dem durch persönliches Lebensschicksal geprägten Altersblick Husserls. Geistige und politische Wirren in den ersten Dezennien dieses Jahrhunderts hatten auf unserem Kontinent ein Krisenbewußtsein wachgerufen, das Husserl nur mit vielen seiner Zeitgenossen teilte. Schärfer als die meisten von ihnen sah Husserl allerdings die Gefährdung der europäischen Kultur wesentlich bedingt durch eine *Krise der Philosophie.* Diese lag für Husserl wesentlich in der ernsthaften Bedrohung der Wissenschaftlichkeit der Philosophie. Spätestens seit 1910 wurde sie in seinen Veröffentlichungen wie in mehreren seiner Vorlesungen immer wieder Anlaß zu Erwägungen, wie ihr zu begegnen sei. Darin weicht auch die ‚Krisis' nicht von Husserls früheren Arbeiten ab: Was in ihrem I. Teil nunmehr thematisch behandelt wird, ist genau jene Husserl seit langem beunruhigende Krise der Philosophie; nur von ihr her kann, was ‚Krisis der europäischen Wissenschaften' heißt, begriffen werden.

Denn deren Krisis betrifft keineswegs ihre niemals angezweifelte Wissenschaftlichkeit, sondern das, „was Wissenschaft überhaupt dem menschlichen Dasein bedeutet hatte und bedeuten kann" (4). Die Eliminierung des Subjekts aus ihrem Bereich des Forschens hat in der neuzeitlichen Wissenschaft zur gleichgültigen Abkehr von Fragen geführt, in denen es um Sinn oder Sinnlosigkeit des menschlichen Daseins, um Vernunft und Unvernunft des Menschen, um seine Freiheit und Verantwortlichkeit geht. Dem entsprach damals eine positivistische Einschränkung der Wissenschaftsidee, welche, nurmehr bloßen Tatsachen als dem einzig objektiv Feststellbaren verpflichtet, alle wertenden Stellungnahmen des Menschen ausgeschaltet und damit die Philosophie „sozusagen enthauptet" hatte (8). Der damit erkaufte Verlust an Lebensbedeutsamkeit der Wissenschaften konnte jedoch als deren Krise nur insofern erscheinen, als die Philosophie ihrer Wissenschaftlichkeit verlustig gegangen war und es nicht vermocht hatte, ihren Anspruch auf methodisch zu sichernden Erkenntniserwerb in dem Umfange aufrechtzuerhalten, daß in ihm alle den Menschen als Vernunftwesen prinzipiell betreffenden Fragen beschlossen blieben.

Das damit heraufbeschworene „Versagen einer rationalen Kultur" war jedoch für Husserl kein unabwendbares Schicksal; er sah vielmehr den Ausweg einer „Wiedergeburt Europas aus dem Geiste der Philosophie" (VI, 347) – einer Philosophie freilich, die nicht in Gestalt dargebotener Rettungsversuche durch Positivismus, Existentialismus und Weltanschauungsphilosophie ihre Krise nur perpetuierte, sondern die sich auf ihre urtümliche Aufgabe zurückbesann im recht verstandenen Sinne universale Wissenschaft der Vernunft und darin Führerin des Menschen zu sein (7 f.). Denn Vernunft läßt „keine Unterscheidung in theoretische, praktische, ästhetische und was immer" zu, sie besagt vielmehr das, „worauf der Mensch als Mensch in seinem innersten hinaus will, was ihn allein befriedigen, ‚selig' machen kann" (VI, 275). Die Restitution dieser ursprünglichen Idee der Philosophie war jedoch nicht einfach durch einen Beschluß zu radikalem Neuanfang zu leisten, der die gegenwärtige Krise nur beiseite lassen würde. Vielmehr erkannte Husserl, daß diese verständlich und durchschaubar gemacht werden muß „auf dem Hintergrund der philosophisch aufdeckbaren *Teleologie der europäischen Geschichte*" (VI, 347).

Diese Äußerungen Husserls, die dem Wiener Vortrag von 1935 sowie dem Schluß seines ‚Krisis'-Manuskripts von 1937 entstammen, enthalten nicht nur in nuce sein früher bereits exponiertes Konzept von den Aufgaben und Zielsetzungen der Phänomenologie als philosophischer Wissenschaft. Sie deuten darüber hinaus an, wie dieses Konzept von Anfang bis Ende der ‚Krisis'-Arbeit den Interpretationsrahmen für das abgibt, was hier als Krise in Sicht tritt: der Zerfall der Einheit von Philosophie, Wissenschaft und wahrhaft humaner, weil durch vernünftige Einsicht bestimmter Daseinsformen des Menschen. Daß Husserl bis zuletzt in unerschütterlichem Glauben an die Möglichkeit der Wiedergewinnung dieser Einheit durch eine neue Philosophie, und zwar in Gestalt einer methodisch erneuerten transzendentalen Phänomenologie, lebte, erklärt die oftmals beschwörende Eindringlichkeit seiner Darstellung und das kaum verhaltene Pathos mancher Wendungen in seinem letzten Werk.

Daß die neu zu beginnende Philosophie hier ihren Ausgang von einer historischen Besinnung nimmt, markiert eine entscheidende Differenz zu Husserls früheren Werken. Sie kann jedoch in ihrer Funktion und Bedeutung für die durch sie neu auf den Weg zu bringende Phänomenologie erst hervortreten, wenn die besondere Eigenart der Husserlschen Geschichtskonzeption deutlicher hervorgetreten ist. Obwohl sich ihrer besonderen Problematik bewußt, klärt Husserl sie jedoch ausdrücklich nirgends hinreichend auf; sie muß weitgehend der Art und Weise seiner historischen Darlegungen entnommen werden. Hier soll sie anschließend wenigstens so weit erörtert werden, wie es der Charakter dieser Einleitung zuläßt. Erste Hinweise darauf geben die zunächst angeführten Motive Husserls für seine Zuwendung zur Geschichte, ferner ihre Kennzeichnung als eines *teleologischen* Geschehens und die Thematisierung des *Europäischen* in ihr. Beides bedarf zuvor der Abwehr naheliegender Mißverständnisse.

Als Philosophen sind wir „Erben der Vergangenheit". Deshalb bedarf es eingehender historischer und kritischer Rückbesinnungen, um „... für ein radikales Selbstverständnis zu sorgen: durch Rückfrage, was je als Philosophie gewollt und durch alle historisch miteinander kommunizierenden Philosophen und Philosophien fortgewollt war.... Wir versuchen, durch die Kruste der veräußerlichten historischen Tatsachen der Philosophiegeschichte durchzustoßen, deren inneren Sinn, ihre verborgene Teleologie befragend, aufweisend, erprobend" (18, 77 ff.).

Was aber je durch alle Philosophien hindurch fortgewollt wird, ist nach Husserl die Verwirklichung der Idee universaler Wissenschaft, wie sie in der griechischen Antike erstmalig hervortrat: als philosophisches Streben, die Erkenntnis der Welt wie das eigene menschliche Verhalten der Forderung kritischer Rechtfertigung nach Vernunftprinzipien zu unterwerfen. Die Geschichte des philosophischen Denkens wird so zu einer Geschichte der Versuche, diesem einen Ziel zu dienen. In immer erneuerten Anläufen bemüht, die dem Menschen eingeborene Vernunft offenbar zu machen und ihm zu einem Leben der Einsicht in absoluter Selbstverantwortung zu verhelfen, verfolgt die Philosophie das Telos rationaler Selbsterhellung und Selbstbestimmung des Menschen, das jedoch seine endlichen Bestrebungen übersteigt, ihn vor unendliche Aufgaben stellt und dennoch unaufgebbar ist, soll er zu sich selbst gebracht und „sich selbst wahr machen" können (12 f.). Mit dieser Zielrichtung aber ist die Philosophie nicht nur eine Kulturerscheinung neben anderen, sondern hat für diese insgesamt wegweisende Funktion. Angesichts dieser Aufgabe steht auch der Philosophierende nicht für sich selbst: „Wir sind also – wie könnten wir davon absehen -- in unserem Philosophieren Funktionäre der Menschheit" (17, 78). Eben darum bedeutet die Krise der Philosophie eine Krise der Kultur und des menschlichen Daseins schlechthin.

Darf sich aber die Philosophie, allein als europäische Philosophie, ihren einzigartigen Auftrag für alle Menschen zusprechen, ohne den Einwand anstößiger Überheblichkeit gewärtigen zu müssen?

‚Europa' bezeichnet hier jedoch keinen geographisch abgrenzbaren Kontinent, sondern die „Einheit eines geistigen Lebens" als verpflichtendes Erbe aus der Urstiftung der griechischen Philosophie. Alle nationalen Differenzen übergreifend, ist es „eine besondere innere Verwandtschaft im Geiste", die hier Europa bedeutet. Darin liegt gegenüber anderen Menschheitsgruppen keine Bevorzugung, wohl aber etwas Einzigartiges, das auch diesen selber spürbar und zu einem Motiv wird, sich zu europäisieren (16; VI, 320). In diesem Sinne ist es zu verstehen, wenn Husserl von der „Entelechie" "spricht, welche, in Griechenland zum Durchbruch gekommen, „im Menschentum als solchen wesensmäßig beschlossen" zu sein scheint (15 f.; VI, 320). Nicht als handle es sich hier um eine Zielstrebigkeit nach Art organischer Entwicklung. „Es gibt wesensmäßig keine Zoologie der Völker. Sie sind geistige Einheiten und haben ... keine je erreichte und erreichbare reife Gestalt ..." (VI, 320). Ihr Telos liegt vielmehr im Unendlichen, vorgezeichnet durch eine Gestalt der Philosophie und Wissenschaft, deren Eigentümlichkeit es ist, letzthin zu verantwortende, *unbedingte Wahrheit* zu wollen, und die deshalb vor *unendlichen* Aufgaben steht, Ideen erzeugend und prüfend, mit jeder faktischen Bewährung dem Erstrebten nur sich nähernd, fort und fort schreitend in einen offen endlosen Zukunftshorizont (VI, 322 ff.).

Zu Beginn der Neuzeit hat sich bei der Übernahme des antiken philosophischen Erbes eine entscheidende Sinnwandlung vollzogen. Husserl expliziert sie an der Galileischen Physik und der Cartesischen Philosophie.

Erste Anzeichen dieser Wandlung brachte die neuzeitliche Mathematik. Für Euklid bereits „ein Ganzes aus reiner Rationalität" (20), das absolut verläßliche, durch strenge Beweismethoden erreichbare Erkenntnis verhieß, war sie gleichwohl in der Antike im Bann endlicher Aufgaben verblieben und hatte überdies einer Welt reiner Idealitäten gegolten, gegen deren zeitlose Unwandelbarkeit die reale Welt des Werdens in ihrem beständigen Fluß nur ein unvollkommenes Abbild geblieben war. Erst in die beginnende Neuzeit fällt die Eroberung neuer Horizonte mit der Entdeckung des mathematisch Unendlichen; zugleich erhält mit der Mathematisierung der Natur in der mathematischen Naturwissenschaft die Platonische Auffassung der Methexis einen ganz neuen Sinn. Aber nicht deren historischer Entwicklung will Husserl nachgehen; vielmehr geht es ihm darum, diese Sinnverwandtlung verständlich zu machen (22). Das hat im Wege einer systematischen Rekonstruktion ihrer Motive zu geschehen, und zwar dergestalt, daß auch der Wissenschaft selber verborgen gebliebene Sinnesvoraussetzungen ans Licht gehoben werden (22 f.).

Mit Galilei gelangt die Mathematik zu konsequenter praktischer Anwendung auf die Welt sinnlicher Erfahrung; sie erweist sich insofern als „Sinnesfundament der exakten Physik" (23). Doch liegt andererseits ihr selbst schon eine Welt voraus, die von mathematischen Idealitäten noch nichts weiß. Erste Hinweise auf die „anschauliche Umwelt" des Menschen, die nicht zeitlich, sondern ihrem Sinne nach vorwissenschaftliche Welt ist, werden von Husserl bezeichnender Weise von Anfagn an aus einem spezifischen Aspekt gegeben: wie diese Welt – nicht ohne Regelhaftigkeiten, jedoch allenthalben „im Schwanken des bloß Typischen", nicht ohne das praktischer Interesse voll befriedigende Meßtechnik, jedoch nur im vagen Ungefähr ihrer Meßgrößen – Voraussetzung dafür werden kann, daß durch die Zielsetzung erdenklicher Vervollkommnung der Genauigkeit zunächst sich überall Limes-Gestalten vorzeichnen, daß an die Stelle der realen Praxis durch Idealisierung und Konstruktion die „*ideale Praxis* eines ‚reinen Denkens'" rückt und vorwissenschaftlich praktisches in ein rein theoretisches Interesse sich umstellt (25 ff.).

Führt dergleichen „operative Bestimmung" des Mathematischen aus vorwissenschaftlichen Grundgestalten zunächst auf die Sinnesherkunft rein mathematischer Idealität, so entspringt mit Galileis Idee der Physik das Problem der Mathematisierung jedoch nicht nur für die „Formen", sondern auch für die „sinnliche Fülle" der Erfahrungswelt. Veränderungen ihrer Form- sowie Füllebeschaffenheiten, mit ihrem „gewöhnlichen" Auftreten an bestimmte „Umstände" gebunden, verweisen auf Kausalitäten, die, zunächst dem empirischen Gesamtstil der anschaulichen Welt zugehörig, alsbald der gleichen Tendenz auf größere Exaktheit der Bestimmung unterworfen werden wie die urtümlich geübte primitive Methodik des messenden Bestimmens. Eine dergestalt durchgeführte Quantifizierung der Natur führt auf eine „*objektiv reale Erkenntnis* von einer völlig *neuen Art,* nämlich eine approximativ auf ihre eigenen Idealitäten bezogene" und schafft damit eine völlig neuartige „*Voraussicht*" als „*Berechenbarkeit* (33).

Husserl ist in einer nur kurzen, in ihrer Originalität und gedanklichen Dichte jedoch bisher kaum angemessen gewürdigten Betrachtung dieser „indirekten Mathematisierung" der Erfahrungswelt nachgegangen und hat darin einen Entwurf der Sinnesgenesis dessen zu geben versucht, was seit Galilei mit der Formulierung von kausalen Zusammenhängen der Natur in funktionalen Abhängigkeiten zur Forschungspraxis der neuzeitlichen Naturwissenschaft wie selbstverständlich gehört (34 ff.). Die skizzenhafte Knappheit dieser Darstellung ist jedoch kaum zufällig. Worauf es Husserl ankam, war nicht die säuberliche Rekonstruktion ungeklärter Sinnesvoraussetzungen in der Mathematisierung der Natur, auf die er wiederholt als noch zu leistende Arbeit verweist. Vielmehr ging es ihm hier um die mit dieser Mathematisierung einhergehende Sinnverwandlung und Sinnüberdeckung (51 ff.). Zwar ist sie in ihrer Art rechtmäßig, ja notwendig für den Fortgang der Wissenschaft und die in ihrem Wissen beschlossene Möglichkeit technischer Beherrschung der Natur; doch muß die „*ursprüngliche Sinngebung der Methode*, aus welcher sie den Sinn einer Leistung für die *Welt*erkenntnis hat, immerfort aktuell verfügbar" bleiben und „von aller *unbefragten Traditionalität* befreit" werden (49 ff.).

Galilei stand selbst bereits in einer langen Tradition. Indem er aber die antike Mathematik lediglich als Techne übernahm, ohne zugleich durch Rückfrage nach den Bedingungen ihrer Idealisierung in Vorgegebenheiten der Lebenswelt sie als spezifisch geartete konstruktive Leistung des Subjekts zu durchschauen, blieb die Lebenswelt nicht nur als Sinneserbschaft in der Mathematik verborgen; sie geriet auch alsbald erkenntnistheoretisch außer Sicht, als ihr mit der Anwendung der Mathematik eine idealisierte Natur unterschoben wurde. Daß wir mit dem mathematischen „Ideenkleid für *wahres Sein* nehmen, was eine *Methode* ist" (55), kennzeichnet seither das wissenschaftliche Denken als jener objektivistischen Tradition zugehörig, die seit der Antike darauf aus ist, die Welt in ihrem Ansichsein, frei von aller Subjektivität und Relativität, zu erkennen.

Husserl sieht mit dem Beginn der neuzeitlichen Wissenschaft den traditionellen Objektivismus in das Stadium seiner Vollendung gelangt: Durch den Gedanken möglicher Quantifizierung der Erfahrungswelt, der dieser eine endgültig fixierte berechenbare Struktur substruiert, so daß die Aufstellung mathematisch-funktioneller Zusammenhänge über Reales nicht anders denn als ‚Entdeckung' eines ohne subjektive Zutat Vorhandenen begriffen wird, erfährt der herkömmliche Objektivismus eine zuvor ungeahnte Ausweitung, vor allem aber eine folgenreiche qualitative Veränderung, die eine „völlige Verwandlung der Idee der Welt überhaupt mit sich führt", so daß auch die Philosophie als „universale Wissenschaft von der Welt" ein neues Gesicht erhält (66).

Denn der neuzeitliche Objektivismus trug durch die Quantifizierung der Natur in sich den Keim zu einem universalen *Naturalismus*. Mit Galilei war erstmalig die Idee einer Natur als einer in sich geschlossenen Körperwelt zutage getreten, aus der alles, was sich nicht in raumzeitlichen und naturkausalen Verhältnissen fassen ließ, ausgeklammert blieb. Ein denkwürdiger Hiatus war die Folge. Bot sich nämlich nunmehr die Welt dar als gespalten in eine mathematisierbare Natur und ein von ihr unterschiedenes Seiendes, das „Psychische", so war damit jener *Dualismus* vorbereitet, der mit Descartes als Trennung von res extensa und res cogitans künftige Grundfragestellungen sowohl der Philosophie wie der Wissenschaft bestimmte. Was die letztere betraf, so setzte bald, mit Locke, auch die ‚Naturalisierung des Psychischen' ein (69), durch die die künftige Psychologie auf den Weg einer naturwissenschaftlich verfahrenden Disziplin gebracht und mehr und mehr aus der Philosophie ausgegliedert wurde. Die damit beginnende Universalisierung des Naturalismus, die dem Objektivismus nach Galilei sein Gepräge gab, brachte eine zuvor nie geahnte Erweiterung und methodische Sicherung der Erkenntnis. Sie galt einer Erfahrungswelt, die sich, subjektunabhängig, in eben dem Maße der Erkenntnis preiszugeben schien, in dem sie berechenbarer Voraussage entgegenkam und dem Herrschaftswillen des Menschen sich fügte.

Wurde so die naturwissenschaftliche Methode zum Vorbild wissenschaftlichen Verfahrens überhaupt und die naturwissenschaftliche Rationalität zur verbindlichen Norm vernünftigen Argumentierens schlechthin, so blieb der

Philosophie am Beginn der Neuzeit anscheinend nur, den naturalistischen Objektivismus zu legitimieren, wollte sie sich nicht auf Restpositionen zurückziehen, die sie zur Stimmenthaltung in Fragen der Wissenschaft nötigten. Hätte sie aber diesen Regreß antreten können, ohne sich in ihrem herkömmlichen Selbstverständnis zu verleugnen?

Husserl sieht rückblickend die Geschichte der Philosophie seit Decartes als eine Geschichte gewaltiger Spannungen zwischen den beständigen Versuchen einerseits, den Objektivismus zu erhalten und in neuer Gestalt auszubilden, und den Versuchen andererseits, bestimmter unabweisbarer Probleme Herr zu werden, die sich aus dem Objektivismus mit der Suspendierung des Subjekts ergeben – des Subjekts nämlich, sofern es nicht bloß das psychophysische Wesen Mensch inmitten der Erfahrungswelt und eines ihrer spezialwissenschaftlich anzugehenden Objekte, sondern Subjekt im eigentlichen Sinne des Wortes ist, das seine gesamte Erfahrungswelt in bestimmt gearteten Bewußtseinsleistungen als sein ‚Gebilde' konstituiert und darin nicht empirisches, sondern transzendentales Subjekt ist. Droht aber hier vorweg der „Widersinn" (76), daß Subjektivität dann im einen wie im anderen Sinne muß begriffen werden können, so werden die methodischen Schwierigkeiten des ‚Transzendentalismus' verständlich, zumal er gegen die Verfahrenssicherheit des Objektivismus kaum scheint aufkommen zu können. Jedoch läßt die lange Reihe seiner Ansätze für Husserl die Einheit einer „tiefsten Sinnhaftigkeit" erkennen in dem Bemühen, der Subjektivität als des *„an sich Ersten"* habhaft zu werden und einsichtig zu machen, daß und wie sie „letztlich alle Weltgeltung mit ihrem Inhalt, und in allen vorwissenschaftlichen und wissenschaftlichen Weisen", zustande bringt (75 f.).

Dieser Transzendentalphilosophie gilt es eine gereifte Gestalt insbesondere dadurch zu geben, daß mit ihr durch eine neuartige Methode eine *„völlige neuartige Wissenschaftlichkeit,* als transzendentale", auf die Bahn gebracht wird, so daß sie an Strenge der Handhabung und Kontrollierbarkeit der Durchführung der Naturwissenschaft nicht nachsteht, jedoch zu einem Subjektivismus bisher unbekannten Stils führt. Seine Endform ist für Husserl die Phänomenologie (76 f.).

Erst und allein mit ihr hält Husserl die Krise der Gegenwartsphilosophie für überwindbar, die sich nunmehr als Krise der gesamten neuzeitlichen Philosophie durch den Objektivismus erweist: Dessen restringierter, an einem zwar imponierenden, aber einseitigen Methodenideal orientierter Rationalitätsbegriff hat alle jene Vernunftprobleme verkümmern lassen, deren Lösung den Menschen im ganzen seines Selbstverständnisses qua Subjekt betreffen. Für Husserl gilt es dagegen, „die ursprünglichste Idee der Philosophie ... seit ihrer Formulierung durch Platon" zu restituieren, die seither „für Philosophie und Wissenschaft eine unverlierbare Aufgabe bezeichnet" (V 139). Daß der transzendentalen Phänomenologie zugetraut wird, diese Aufgabe neu wieder in Angriff zu nehmen, – nicht diesseits aller positiven Wissenschaften, sondern mit ihnen samt ihren anerkannten Leistungen –, ist nicht zuletzt in ihrem Ansatz begründet: Als radikales Rückfragen nach den subjektiven Bedingungen der Möglichkeit für Weltkonstitution überhaupt umgreift sie auch diejenigen transzendentalen Probleme, die sich mit der Welt der Wissenschaft und ihrer objektivistischen Interpretation auftun.

Descartes, „urstiftender Genius der gesamten neuzeitlichen Philosophie", steht mit seiner Zweifelsbetrachtung und dem in ihr gewonnenen *ego cogito* am Beginn des neuzeitlichen Subjektivismus, durch den eine radikale kritische Reflexion auf alle objektive Erkenntnis in Gang gebracht werden soll (80 ff.). Husserl spürt jedoch eine verborgene Doppeldeutigkeit in den Gedanken des Descartes auf, die ihn „im reinen Objektivismus ... trotz dessen subjektiver Begründung" verharren ließen (90). Denn soll zwar einerseits aus den Beschaffenheiten der cogitationes des Ego aller Wahrheitsentscheid über unsere behauptete Erkenntnis möglich werden, so zeigt sich Descartes doch andererseits schon im voraus beherrscht von der galileischen Gewißheit einer universalen Körperwelt und damit von dem „verschwiegenen Vorurteil einer endgültigen Wahrheit und eines endgültigen, eines absoluten An-sich-Seins“ (87; VI, 396). Daß zu diesem sowohl die ausgedehnte Natur wie die Seele des Ego gehört und Descartes glaubte, den Dualismus dieser beiden ‚Substanzen‘ erweisen zu können, zeigt für Husserl vordergründig Descartes‘ Interesse am Objektivismus. Descartes‘ Überzeugung, ihn im Wege von Schlüssen aus dem Prinzip des ego-cogito-cogitatum begründen zu können, verhalf auf der einen Seite jenem Rationalismus zum Durchbruch, der nach ihm die philosophische Methode bei Malebranche, Spinoza, Leibniz und in der Schule Wolffs bestimmte (91 ff.), während in der englischen Philosophie und ihrer Kritik an Descartes mit Hobbes ein neuer Empirismus einsetzte, der über Locke's naturalistische Psychologie zum Humeschen Skeptizismus, hier aber bereits zu einer Erschütterung des Objektivismus führte. Diese hat Kant, der rationalistischen Tradition der nachcartesischen Philosophie ebenso wie den Grundgedanken der englischen Aufklärung verpflichtet, schließlich zur Transzendentalphilosophie in Gestalt seiner Erkenntniskritik geführt.

Husserls grobe Skizze dieser beiden Entwicklungslinien, die beide von Descartes ausgehen und in Kants Philosophie wiederum zusammentreffen, hat hier lediglich den Sinn, auf eine gemeinsame Intention aufmerksam zu machen, die „jeder Philosoph nur wiederholt in der Weise der Wiederaufnahme“ (VI, 394). Daß sich diese Intention vordergründig in so unterschiedlichen Richtungen wie im Rationalismus und Empirismus philosophiehistorische Geltung verschaffte, hat für Husserl letztlich seinen Grund in einer *Selbstmißdeutung des Descartes,* die bis Kant undurchschaut blieb. Indem nämlich Descartes das von ihm entdeckte Ego als Residuum seines universal gemeinten Zweifels als ‚Seele‘ faßte und damit lediglich als ein abstraktiv gewonnenes Ergänzungsstück zum Körper ansehen mußte, gab er dem Ego eine bloß psychologische Deutung und beließ es in Wahrheit innerhalb der Welt, die indes durch den Zweifel gerade in Frage gestellt werden sollte. Nur so konnte Descartes denn auch der Problemstellung verfallen, wie dieses Ego durch Schlüsse von seinen cogitationes auf ein „Draußen" zu gesicherter Erkenntnis gelangen könne, ohne jemals zu erwägen, ob diese Frage überhaupt einen Sinn haben könne (88 ff.).

Dagegen setzt Husserl die Einsicht, daß das Ego des Descartes, genauer befragt nach dem Sinngehalt seiner cogitationes, gar kein weltliches Ich ist und nicht sein kann: Als dasjenige, das die kritische Befragung der Welt samt allen ihren Geltungen wirklich universal vollzieht, ist es nicht selber weltliches, sondern transzendentales Ich. Als dieses aber fungiert es nicht als Prämisse für Deduktionen, sondern ist es ‚Feld' einer neuartigen reflexiven Selbsterfahrung, in der alle weltliche Transzendenz ihren Sinn allein aus transzendental-intersubjektiven synthetischen Leistungen der Seinskonstitution im Fortgang einstimmiger Bewährung gewinnt. Diese Einsicht ist freilich nicht im cartesischen Zweifelsversuch zu gewinnen. Dazu bedarf es vielmehr einer universalen Epoché, einer Inhibierung des gesamten Weltglaubens, die auch die implizierten Vormeinungen über die Lebenswelt nicht ausspart.[4]

Die erste systematisch aufgebaute wissenschaftliche Philosophie seit Descartes, die als transzendentaler Subjektivismus anzusprechen ist, ist unbestritten die Philosophie Kants. Den Begriff des Transzendentalen will Husserl jedoch in einem erweiterten Sinne gebrauchen, nämlich mit Bezug auf „das Motiv des Rückfragens nach der letzten Quelle aller Erkenntnisbildungen, des Sichbesinnens des Erkennenden auf sich selbst und sein erkennendes Leben ... Radikal sich auswirkend, ist es das Motiv einer rein aus dieser Quelle begründeten, also letztbegründeten Universalphilosophie" (108). Diesem Motiv folgt allerdings auch Kant, indem er es unternimmt, gegenüber dem Objektivis-

[4] Descartes' Zweifel und Husserls Epoché sind knapp skizziert und kontrastiert in meiner Einleitung zu Edmund Husserl, Cartesianische Meditationen, Philosophische Bibliothek des Felix Meiner Verlags Bd. 291, 1977, S. X–XXXI. Vgl. ferner E. Ströker, Das Problem der Epoché in der Philosophie Edmund Husserls, Analecta Husserliana 1, 1971, S. 170–185.

mus auf die erkennende Subjektivität „als Urstätte aller objektiven Sinnbildungen und Seinsgeltungen" zurückzugehen und „die seiende Welt als Sinn- und Geltungsgebilde zu verstehen" (110). Gleichwohl vermag Husserl Kant allererst auf dem Wege zur Letztbegründung einer universalen Philosophie zu sehen. Da Kant die Tiefen der Fundamentalbetrachtung des Descartes fremd blieben und er in ihnen letzte Begründungen und Entscheidungen nicht suchen konnte, blieben seine großen Entdeckungen verhüllt unter einem noch unklaren Verständnis der transzendentalen Subjektivität. Zu dessen Lasten gehen auch unbefragte Voraussetzungen in Kants Problemstellungen (109 ff.).

Den kritischen Anspruch dieses Urteils über Kant versucht Husserl im Teil III A der ‚Krisis' (VI, 105 ff.) einzulösen. Dort wird durch „konkretere kritische Analysen" (111) die Kantische mit der Cartesianischen Wende kontrastiert, damit so die „letzte Wende" – zur transzendentalen Phänomenologie – in Sicht treten und in ihrer Notwendigkeit historisch aus dem Gang der neuzeitlichen Philosophiegeschichte begreiflich werden kann. Denn erst in der Phänomenologie wird für Husserl dank ihrer spezifischen Methode, die Dimension des Transzendentalen „wirklich zu Gesicht, zu *direkter Erfahrung*" gebracht – einer Erfahrung indessen, die niemals abschließbar sein wird und die die Philosophie „zum Ackerfeld einer *methodischen Arbeitsphilosophie*" für einen unendlichen Erfahrungsboden werden läßt (112).

Damit stellt sich hier abermals die eingangs bereits angedeutete Frage nach Husserls Auffassung der Geschichte sowie der ihr zugewiesenen Funktion für die Phänomenologie. Husserl selbst gibt dazu – wohl gemäß dem ursprünglichen Charakter eines Doppelvortrags dieser Abhandlung – an zwei disparaten Stellen eher Andeutungen denn Ausführungen (62–65, 77–80).

Deren erste, ohnehin im wesentlichen beschränkt auf die historische Situierung der Galileischen Physik, ist überdies leicht geeignet, Husserls historisches Ansinnen Mißverständnissen auszuliefern. Denn gerade die dort präzis formulierte Schwierigkeit einer historischen Rückbesinnung auf ‚Anfänge' und die klar gesehene Notwendigkeit des historischen ‚Zick-Zack'-Verfahrens akzentuieren ein mittlerweiler allbekanntes hermeneutisches Grundproblem historischen Arbeitens. Danach kann im ersten Hinsehen sehr wohl der Eindruck entstehen, Husserl habe jetzt der rigorosen ‚Einklammerung' sämtlicher voraufgegangener Philosopheme, d. h. dem ersten methodischen Schritt zu einem radikalen Neuanfang der phänomenologischen Philosophie früherer Jahre, entsagt und nunmehr sich – des Erbes der Vergangenheit endlich bewußt geworden – der Geschichte der Philosophie zugewandt. Stünde es so, dann könnte allerdings Husserls Bemerkung, daß es sich hier nicht um historische Betrachtungen im gewöhnlichen Sinne handelt (77) sowie sein ausdrücklicher Verzicht auf genauere historische Analysen zugunsten einer Explikation von Ideen, der den herangezogenen Namen lediglich exemplarischen Rang zumißt (62), wohl leicht als bloßer Rechtfertigungsversuch für sein teleologisches Konzept der Philosophiegeschichte gelesen werden.

Eine solche Geschichtsbetrachtung aber bliebe nicht allein dem generellen Einwand einer fragwürdigen Geschichtsmetaphysik ausgeliefert, die hier zudem – und denkwürdigerweise ganz bewußt – als Selektionsprinzip für eben dieser Metaphysik ‚wichtige' Ideenentwicklungen fungieren würde. Sie wäre darüber hinaus aber und vor allem anfechtbar auch insofern, als eine Geschichtsbetrachtung im Sinne reiner Ideengeschichte bestenfalls Vorerörterung, Vorspann, niemals jedoch ‚*Einleitung*' in eine Philosophie sein könnte, die transzendentale Phänomenologie sein will. Denn als Ideengeschichte bliebe sie – wie alle sonstige, auf faktische Veränderungen in der Welt ausgerichtete Historie – Geschichte in eben derjenigen ‚natürlichen Einstellung', die in der Phänomenologie mit ihrer transzendentalen Epoché gerade aufgehoben, durchbrochen werden soll, damit sie um den Schein ihrer Selbstverständlichkeit gebracht und auf ihre ihr selbst verborgenen transzendentalen Voraussetzungen befragt werden kann. Geschichte kann deshalb auch hier nicht ein ‚Weg' in die

Phänomenologie sein. So gern Husserl sonst die Wegmetapher für verschiedene Weisen des Zugangs zum phänomenologischen Untersuchungsfeld wählt, – und die Fortsetzung der ‚Krisis'-Abhandlung wird deren noch zwei weitere suchen –, so konsequent vermeidet es Husserl jedoch, von einem Weg in die Phänomenologie durch die Geschichte zu sprechen. In welchem Sinne sind dann aber Husserls historische Ausführungen in unserem ‚Krisis'-Text überhaupt zu verstehen? Was will es ferner heißen, daß hier die Notwendigkeit der Geschichte für die Phänomenologie immer wieder betont und die historische Besinnung des Philosophen als ein unveräußerlicher Teil der Philosophie angesehen wird? –

Geschichte ist für Husserl in der ‚Krisis' kein neues Thema. Jahre vor ihrer Abfassung konnte Landgrebe bereits die bemerkenswerte These aufstellen, daß in Husserls Ansatz der phänomenologischen Reduktion „die transzendentale Subjektivität in ihrer konkreten Geschichtlichkeit eingeht".[5] Gezeigt wird dies an verschiedenen Stadien der Husserlschen Analyse des Bewußtseins. Denn kraft seiner Intentionalität konstituieren sich Gegenstände in ihm durch synthetische Akte der Identifizierung, deren jeder darin auch sich selbst als werdende zeitliche Einheit konstituiert. Insgesamt bilden sie den Bewußtseinsstrom und bringen in ihrer zeitlichen Abfolge in eins damit dessen Zeitlichkeit hervor. Daß Landgrebe darin bereits Husserls „Thematisierung" von „Geschichtlichkeit", nämlich als solche des strömenden intentionalen Bewußtseins, sehen konnte, dankt er allerdings einem Rückblick auf Husserls phänomenologische Anfänge in den ‚Ideen I' von 1913 (III), der durch die Kenntnis der später erst vertieften Intentionalanalyse Husserls bereichert und geschärft sein konnte. Zu deren Erträgen aber gehört wesentlich die Entdeckung der Horizontintentionalität, und dies im zweifachen Sinne: Nicht nur hat jedes intendierte Objekt seine

[5] L. Landgrebe, Das Problem der Geschichtlichkeit des Lebens und die Phänomenologie Husserls, Vortrag vor der Kant-Gesellschaft in Göttingen, Juli 1932, in: L. Landgrebe, Phänomenologie und Geschichte, 1968, S. 12, S. 15.

gegenständliche Umgebung mit einem Horizont an Verweisungen auf einen möglichen Fortgang weiteren Erkennens; es entsprechen auch diesen auf der Aktseite Aktualitäten und Potentialitäten vor dem Hintergrund dessen, was je bereits zum erworbenen Bestand des intentionalen Lebens gehört.

Solche Vertiefung der anfänglich statischen, an der bloßen Einheit des Gegenständlichen orientierten Aktanalyse zur genetischen Intentionalanalyse zwecks Enthüllung von Sinnesimplikationen schon geschehener intentionaler Leistungen läßt das Ego in der Tat als geschichtliches in Erscheinung treten; dank seiner transzendentalen Genesis konstituiert es sich „für sich selbst sozusagen in der Einheit einer ‚Geschichte'" (I, 109, 112 f.). Der uneigentliche Gebrauch des Wortes ‚Geschichte' wird von Husserl bezeichnenderweise aufgegeben, sobald die Konstitutionsproblematik des Ego über die rein egologische Sphäre hinausgreift auf die transzendentale Intersubjektivität. Denn nicht schon das einzelne monadische Ego, sondern erst die transzendentale Wir-Gemeinschaft aller Egos ist es, aus deren mannigfach verflochtenen Sinnstiftungen weltliche Transzendenz und Objektivität ihren vollen Sinn gewinnen. Mithin ist aber auch die transzendentale Genesis des je einzelnen, individuellen Egos nicht nur seine eigene, sondern ist seine nur als fortwährend mitgebildete durch die Sinnkonstitutionen anderer, die jedoch nur teilweise aktueller Erwerb des Ego werden können, indessen das meiste von ihnen jeweils nur implikativ als nicht gewahrte Momente des eigenen intentionalen Lebens dessen aktuelle Leistungen mitbestimmen. Husserl gebraucht in dergleichen Zusammenhängen gern den plastischen Ausdruck der *Sedimentierung:* „Geschichte ist von vornherein nichts anderes als die lebendige Bewegung des Miteinander und Ineinander von ursprünglicher Sinnbildung und Sinnsedimentierung" (VI,380).

Die Formulierung dieser bemerkenswerten Stelle aus einem Manuskript von 1936, der sich ähnlich lautende aus früheren Jahren zur Seite stellen ließen, darf jedoch nicht übersehen lassen, daß hier von Geschichte allein im

Rahmen der phänomenologischen Epoché die Rede ist –: Nur in der durch sie in Gang zu bringenden phänomenologischen Reduktion kann so etwas wie ‚Sinnbildung', ‚Sinnsedimentierung' überhaupt thematisch werden. Geschichte ist mithin hier sichtbar gemacht als Wesenszug jener *transzendentalen Subjektivität,* in deren sinnkonstitutiven Leistungen alles weltliche Sein und damit auch alle weltliche Geschichte die Bedingung ihrer Möglichkeit und den letzterreichbaren Grund ihrer Begreiflichkeit hat.

Nicht anders sind aber auch Husserls historische Ausführungen in der ‚Krisis' zu verstehen. Seine dortigen Betrachtungen sind nicht etwa von der Art einer tendenziös auf das eigene phänomenologische Beginnen hin selegierten, hier und da zurechtgerückten Geschichte faktischer Ideenentwicklung, welche den entscheidenden Schritt der phänomenologischen Epoché noch vor sich hätte, sondern sie ist Geschichte präzis *im Rahmen dieser Epoché,* der hier nur stillschweigend vorausgesetzt ist.[6] So kann leicht als ein Stück mundaner Geschichtsschreibung – alsdann freilich in einer ungewöhnlichen, weil phänomenologischen Terminologie – erscheinen, was in Wirklichkeit nichts anderes ist als einer jener *‚Leitfäden'*, deren der phänomenologische Rückgang zur transzendentalen Subjektivität und ihren konstitutiven Leistungen bedarf, und die stets in dem zu finden sind, was uns zunächst fraglos vorgegeben ist, in der Phänomenologie aber zur Frage seiner Sinnesherkunft werden soll.

In der ‚Krisis' ist es nun nicht irgend ein Vorgegebenes beliebiger Seinsregion, sondern die *Philosophie selbst* in Gestalt historisch vorgelegter Theorien und Systeme, die solch einen Leitfaden abgibt für die transzendental-phänomenologische Erschließung ihrer eigenen Sinnsedimentie-

[6] Zu dieser ‚Intentionalhistorie' – Husserl bezeichnet sie in einigen Spätmanuskripten auch direkt als ‚transzendentale Geschichte' – vgl. E. Ströker, Geschichte und Lebenswelt als Sinnesfundament der Wissenschaften in Husserls Spätwerk, a. a. O., S. 108 ff. Allgemeiner dazu vor allem L. Landgrebe, Die Phänomenologie als transzendentale Theorie der Geschichte, Phänomenologische Forschungen Bd. 3, 1976, S. 17–47.

rungen und deren Weiterwirkung durch Sinnentwicklungen und -verschiebungen hindurch bis in ihre gegenwärtige Situation. Husserls geschichtliche Untersuchungen in seinem Spätwerk sind demnach zu verstehen in konsequenter Weiterverfolgung jenes Verfahrens der Intentionalanalyse, in dessen genetischem Ansatz die historische Dimension von vornherein beschlossen lag. Neu an der ‚Krisis' ist somit nicht ihre ‚intentional-historische' Untersuchungsmethode. Neu an der ‚Krisis' ist vielmehr ihr Einsatz bei einem „Gegebenen", das auf die Philosophie nicht wie von außen zur Bearbeitung zukommt, sondern das *sie selber ist.* Was es aber heißt, daß es in dieser Geschichte um ihre *eigene* Geschichte geht, wird zureichend erst begriffen, wenn die augenfällige Verschiedenheit ihrer Gestaltungen durchschaubar gemacht werden kann als historisch je anders aufgenommene und verarbeitete gemeinsame Erbschaft aus einer ursprünglichen Sinnstiftung, durch welche die europäische Philosophie, denkwürdig genug, einmal auf ihren Weg gebracht worden ist.

Daß wir, „was wir sind ... als Erben und Mitträger sind aus einer Stiftung, die aber zugleich Nachstiftung und Abwandlung der griechischen Urstiftung ist" (78), gewinnt erst von daher seine volle Bedeutung. Ebenso wird auch damit erst voll verständlich, was Husserl mit der Notwendigkeit der Geschichte für die Phänomenologie meint. Geschichte dient hier nicht einfach zur thematischen Komplettierung ihres Forschungsfeldes; sie ist nicht bloß ein intentionales Untersuchungsobjekt unter anderen, das auch ausgespart oder für spätere Analysen aufgehoben werden könnte. Vielmehr gehört sie als *Intentionalhistorie* zu jener unaufgebbaren Forschungsmethode der Phänomenologie, die nötig ist für das Selbstverständnis der Philosophie im ganzen, soll sie auf den Boden ihrer eigenen Voraussetzungen gelangen können. Sie kann dies indes nur aus der „Entscheidung" des Philosophen zu radikaler Selbstbesinnung. Diese kann aber nur bewirken wollen „die sedimentierte Begrifflichkeit, die als Selbstverständlichkeit der Boden seiner privaten und unhistorischen Arbeit ist, wieder lebendig zu machen in seinem verborgenen geschichtlichen Sinn" (78), nicht um eines Wissenszuwachses oder der Pflege der Tradition willen, sondern zum Zwecke einer *„verantwortlichen Kritik"* eigener Art: „Selbstdenker sein, autonomer Philosoph im Willen zur Befreiung, fordert von ihm die Einsicht, daß alle seine Selbstverständlichkeiten *Vorurteile* sind, daß alle Vorurteile Unklarheiten aus einer traditionalen Sedimentierung sind und nicht etwa bloß in ihrer Wahrheit unentschiedene Urteile, und daß dieses schon von der großen Aufgabe der Idee gilt, die ‚Philosophie' heißt". Darin sieht Husserl die „tiefste Selbstbesinnung auf ein Selbstverständnis dessen hin, worauf man eigentlich hinaus will, als der man ist, als historisches Wesen" (79).

Erst darin wird letztlich auch der Sinn der Rede vom Telos der Geschichte bei Husserl deutlich. Husserls Geschichtsauffassung ist keine mundane Teleologie in natürlicher Einstellung, als strebe etwa die Geschichte der Philosophie durch Jahrtausende weltlichen Geschehens auf seine eigene Phänomenologie zu als deren Endgestalt, in der sie zur Ruhe komme. Was in ihr „hervorwill", durch alle Willensbildungen hindurch, ist vielmehr jene in der griechischen Antike erstmals in Dasein tretende Vernunft des Menschen, die sich selbst bestimmen will, die zu sich selbst jedoch nur kommen kann durch die unablässigen, aber je schon durch voraufgegangene Anstrengungen mitbestimmten Versuche, sich selbst auf ihre eigenen Voraussetzungen hin zu durchschauen.

Husserls Philosophie kann darin nicht Ende, sondern, wie auch er selbst es sah, nur „Wende" sein, ‚letzte' Wende freilich insofern, als eine Philosophie, die sich methodisch bis in letzterreichbare Tiefen der transzendentalen Subjektivität und ihrer geschichtlichen Welt- und Selbstkonstitution wagt, die aber auch bis an die Grenzen der eigenen *selbstkritischen* Infragestellung zu gehen bereit ist (78 f.), zwar in vielem korrekturbedürftig bleibt und sogar überholt werden kann, die jedoch prinzipiell nicht abermals zu ‚wenden' ist. –

Unberührt geblieben ist bisher die Frage nach dem Charakter der ‚Krisis'-Schrift als *Einleitung* in die transzendentale Phänomenologie. Sie muß hier offen bleiben, weil diese Kennzeichnung nicht allein dem hier vorgelegten Text, sondern dem ganzen ‚Krisis'-Werk gilt.[7] Sie darf hier offen bleiben, weil es nicht Sache dieser Einleitung, die lediglich die Aufgabe einer Hinführung zu einigen Grundproblemen des Textes übernommen hat, sein kann, die prinzipiellen Probleme des Anfangens im transzendental-phänomenologischen Philosophieren zu erörtern.[8] Daß seine seit je bestehenden Schwierigkeiten auch durch Husserls Spätwerk nicht behoben werden, mag als hier nicht belegte Auffassung der Herausgeberin stehen bleiben dürfen. Das sollte aber auch denjenigen Leser, der erstmalig zu Husserls ‚Krisis'-Text greift, nicht entmutigen. Sein ‚Anfang' hat nur der Entschluß zu sein, sich auf ein Werk Husserls einzulassen, das mehr als jedes andere von ihm die Welt der Philosophie bewegt hat und, vor allem auch außerhalb der Grenzen des geographischen Europas, noch bewegt. –

Die zweite Auflage, die für diese Studienausgabe nunmehr notwendig geworden ist, gab willkommenen Anlaß, den Text der ersten Auflage von 1977 durchzusehen und stellenweise zu verbessern.

So hat die Einleitung der Herausgeberin einige Änderungen und bibliographische Ergänzungen erfahren. Der Haupttext Husserls blieb, nach der Lizenz des Verlages Nijhoff, der Text der Husserliana VI wie in der ersten Auflage. Auch das Register blieb inhaltlich unverändert.

[7] So versucht Husserl im letzten Teil der ‚Krisis' abermals einen neuen – und seinen letzten – Weg in die transzendentale Phänomenologie, und zwar von der Psychologie aus (vgl. E. Ströker, Husserls letzter Weg zur Transzendentalphilosophie im Krisis-Werk, Zeitschr. f. phil. Forschung 35, Heft 2, S. 165–183). Die Frage der Einheit dieses Werkes bedarf noch genauerer Untersuchung.

[8] Dazu L. Landgrebe, Das Problem des Anfangs der Philosophie in der Phänomenologie Husserls, in: ders., Faktizität und Individuation, Hamburg 1982, S. 21–37.

Eine Reihe von Druckfehlern, die in der ersten Auflage stehen geblieben waren, konnten beseitigt werden. Dazu hat vornehmlich Fräulein cand.-phil. Antje Willam durch sorgfältige Korrekturarbeiten beigetragen.

Köln, im Juli 1982 Elisabeth Ströker

EDMUND HUSSERL

Die Krisis der europäischen Wissenschaften und die transzendentale Phänomenologie

Eine Einleitung in die phänomenologische Philosophie

Vorwort

Die Schrift, die ich mit der vorliegenden Abhandlung beginne und in einer Kette von weiteren Artikeln in der „Philosophia" vollenden werde, macht den Versuch, auf dem Wege einer teleologisch-historischen Besinnung auf die Ursprünge unserer kritischen wissenschaftlichen und philosophischen Situation die unausweichliche Notwendigkeit einer transzendentalphänomenologischen Umwendung der Philosophie zu begründen. Sonach wird sie zu einer eigenständigen Einleitung in die Transzendentale Phänomenologie.

Erwachsen ist die Schrift in der Ausarbeitung der Gedanken, die den wesentlichen Inhalt eines Vortragszyklus bildeten, den ich einer freundlichen Einladung des „Cercle Philosophique de Prague pour les recherches sur l'entendement humain" folgend, im November 1935 zur Hälfte in den gastlichen Räumen der Deutschen und der Tschechischen Universität zu Prag gehalten habe.

I. Die Krisis der Wissenschaften als Ausdruck der radikalen Lebenskrisis des europäischen Menschentums

§ 1 *Gibt es angesichts der ständigen Erfolge wirklich eine Krisis der Wissenschaften?*

Ich muß darauf gefaßt sein, daß an dieser den Wissenschaften gewidmeten Stätte schon der Titel dieser Vorträge: „Die Krisis der europäischen Wissenschaften und die Psychologie"[1] Widerspruch errege. Eine Krisis unserer Wissenschaften schlechthin, kann davon ernstlich gesprochen werden? Ist diese heutzutage vielgehörte Rede nicht

[1] So war der anfängliche Titel des Prager Vortragszyklus.

eine Übertreibung? Die Krisis einer Wissenschaft besagt doch nichts minderes, als daß ihre echte Wissenschaftlichkeit, daß die ganze Weise, wie sie sich ihre Aufgabe gestellt und dafür ihre Methodik ausgebildet hat, fraglich geworden ist. Das mag für die Philosophie zutreffen, die ja in unserer Gegenwart der Skepsis, dem Irrationalismus, dem Mystizismus zu erliegen droht. Soweit die Psychologie noch philosophische Ansprüche erhebt und nicht bloß eine unter den positiven Wissenschaften sein will, mag für sie dasselbe gelten. Aber wie könnte geradehin und ganz ernstlich von einer Krisis der Wissenschaften überhaupt, also auch der positiven Wissenschaften gesprochen werden: darin der reinen Mathematik, der exakten Naturwissenschaften, die wir doch nie aufhören können, als Vorbilder strenger und höchst erfolgreicher Wissenschaftlichkeit zu bewundern? Gewiß erwiesen sie sich im Gesamtstil ihrer systematischen Theoretik und Methodik als wandelbar. Sie durchbrachen jüngst erst eine in dieser Hinsicht unter dem Titel klassische Physik drohende Erstarrung, drohend als vermeintliche klassische Vollendung ihres jahrhundertelang bewährten Stils. Aber bedeutet denn der siegreiche Kampf gegen das Ideal der klassischen Physik, und ebenso der noch fortgehende Streit um die sinngemäß echte Aufbauform der reinen Mathematik, daß die vorhergehende Physik und Mathematik noch nicht wissenschaftlich waren, oder daß sie, wenn schon behaftet mit gewissen Unklarheiten oder Abblendungen, nicht doch in ihrem Arbeitsfeld evidente Einsichten erwarben? Sind es nicht auch für uns, die von diesen Blenden Befreiten, zwingende Einsichten? Verstehen wir von daher, uns in die Einstellung der Klassizisten zurückversetzend, nicht vollkommen, wie in ihr alle die großen und für immer gültigen Entdeckungen zustande gekommen sind und zudem die Fülle der technischen Erfindungen, welche der Bewunderung der früheren Generationen so guten Grund gaben? Ob die Physik repräsentiert wird durch einen Newton oder einen Planck oder Einstein oder wen immer sonst in der Zukunft, sie war immer und bleibt exakte Wissenschaft. Sie bleibt es selbst, wenn diejenigen Recht haben, die da meinen, daß eine absolut letzte Gestalt des Aufbaustiles der gesamten Theoretik nie zu erwarten, nie zu erstreben ist.

Ähnliches gilt offenbar aber auch für eine andere große Wissenschaftsgruppe, die wir zu den positiven Wissenschaften zu rechnen pflegen, nämlich für die konkreten Geisteswissenschaften – mag es sich mit ihrer strittigen Rückbeziehung auf das Ideal der naturwissenschaftlichen Exaktheit verhalten wie immer – eine Fraglichkeit, die übrigens auch schon das Verhältnis der biophysischen („konkret“-naturwissenschaftlichen) Disziplinen zu denjenigen der mathematisch exakten Naturwissenschaften betrifft. Die Strenge der Wissenschaftlichkeit aller dieser Disziplinen, die Evidenz ihrer theoretischen Leistungen und ihrer dauernd zwingenden Erfolge ist außer Frage. Nur für die Psychologie, wie sehr sie für die konkreten Geisteswissenschaften die abstrakte, letztlich erklärende Grundwissenschaft zu sein prätendiert, werden wir vielleicht nicht so sicher sein. Aber den offenbaren Abstand in Methode und Leistung als den einer naturgemäß langsameren Entwicklung einschätzend, wird man doch ziemlich allgemein auch sie mitgelten lassen. Jedenfalls ist der Kontrast der „Wissenschaftlichkeit“ dieser Wissenschaftsgruppen gegenüber der „Unwissenschaftlichkeit“ der Philosophie unverkennbar. Wir gestehen demnach dem ersten inneren Protest der ihrer Methode sicheren Wissenschaftler gegen den Titel der Vorträge vorweg ein Recht zu.

§ 2 *Die positivistische Reduktion der Idee der Wissenschaft auf bloße Tatsachenwissenschaft. Die „Krisis“ der Wissenschaft als Verlust ihrer Lebensbedeutsamkeit*

Vielleicht aber, daß uns doch von einer anderen Betrachtungsrichtung her, nämlich im Ausgang von den allgemeinen Klagen über die Krisis unserer Kultur und von der dabei den Wissenschaften zugeschriebenen Rolle, Motive erwachsen, die Wissenschaftlichkeit aller Wissenschaften einer *ernstlichen und sehr notwendigen Kritik* zu unterwerfen, ohne darum ihren ersten, in der Rechtsmäßigkeit methodischer Leistungen unangreifbaren Sinn von Wissenschaftlichkeit preiszugeben.

Die soeben vorgedeutete Änderung der ganzen Betrachtungsrichtung wollen wir in der Tat in die Wege leiten. In der Durchführung werden wir bald dessen inne werden, daß der Fraglichkeit, an welcher die Psychologie nicht erst in unseren Tagen, sondern schon seit Jahrhunderten krankt, – einer ihr eigentümlichen „Krisis" – eine zentrale Bedeutung zukommt für das Zutagetreten von rätselhaften, unauflöslichen Unverständlichkeiten der modernen, selbst der mathematischen Wissenschaften und in Verbindung damit für ein Auftauchen einer Art von Welträtseln, die den früheren Zeiten fremd waren. Sie alle führen eben auf das *Rätsel der Subjektivität* zurück und hängen daher mit dem *Rätsel der psychologischen Thematik und Methode* untrennbar zusammen. Dies nur als erste Vordeutung über den tieferen Sinn des Vorhabens in diesen Vorträgen.

Unseren Ausgang nehmen wir von einer an der Wende des letzten Jahrhunderts hinsichtlich der Wissenschaften eingetretenen Umwendung der allgemeinen Bewertung. Sie betrifft nicht ihre Wissenschaftlichkeit, sondern das, was sie, was Wissenschaft überhaupt, dem menschlichen Dasein bedeutet hatte und bedeuten kann. Die Ausschließlichkeit, in welcher sich in der 2. Hälfte des 19. Jahrhunderts die ganze Weltanschauung des modernen Menschen von den positiven Wissenschaften bestimmen und von der ihr verdankten „prosperity" blenden ließ, bedeutete ein gleichgültiges Sichabkehren von den Fragen, die für ein echtes Menschentum die entscheidenden sind. Bloße Tatsachenwissenschaften machen bloße Tatsachenmenschen. Die Umwendung der öffentlichen Bewertung war insbesondere nach dem Kriege unvermeidlich, und sie ist, wie wir wissen, in der jungen Generation nachgerade zu einer feindlichen Stimmung geworden. In unserer Lebensnot – so hören wir – hat diese Wissenschaft uns nichts zu sagen. Gerade die Fragen schließt sie prinzipiell aus, die für den in unseren unseligen Zeiten den schicksalvollsten Umwälzungen preisgegebenen Menschen die brennenden sind: die Fragen nach Sinn oder Sinnlosigkeit dieses ganzen menschlichen Daseins. Fordern sie nicht in ihrer Allgemeinheit und Notwendigkeit für alle Menschen auch allgemeine Besinnungen und ihre Beantwortung aus vernünftiger Einsicht? Sie betreffen schließlich den Menschen als in seinem Verhalten zur menschlichen und außermenschlichen Umwelt frei sich entscheidenden, als frei in seinen Möglichkeiten, sich und seine Umwelt vernünftig zu gestalten. Was hat über Vernunft und Unvernunft, was hat über uns Menschen als Subjekte dieser Freiheit die Wissenschaft zu sagen? Die bloße Körperwissenschaft selbstverständlich nichts, sie abstrahiert ja von allem Subjektivieren. Was andererseits die Geisteswissenschaften anlangt, die doch in allen besonderen und allgemeinen Disziplinen den Menschen in seinem geistigen Dasein betrachten, also im Horizont seiner Geschichtlichkeit, so fordert, sagt man, ihre strenge Wissenschaftlichkeit, daß der Forscher alle wertenden Stellungnahmen, alle Fragen nach Vernunft und Unvernunft des thematischen Menschentums und seiner Kulturgebilde sorgsam ausschalte. Wissenschaftliche, objektive Wahrheit ist ausschließlich Feststellung dessen, was die Welt, wie die physische so die geistige Welt, tatsächlich ist. Kann aber die Welt und menschliches Dasein in ihr in Wahrheit einen Sinn haben, wenn die Wissenschaften nur in dieser Art objektiv Feststellbares als wahr gelten lassen, wenn die Geschichte nichts weiteres zu lehren hat, als daß alle Gestalten der geistigen Welt, alle den Menschen jeweils haltgebenden Lebensbindungen, Ideale, Normen, wie flüchtige Wellen sich bilden und wieder auflösen, daß es so immer war und sein wird, daß immer wieder Vernunft zum Unsinn, Wohltat zur Plage werden muß? Können wir uns damit beruhigen, können wir in dieser Welt leben, deren geschichtliches Geschehen nichts anderes ist als eine unaufhörliche Verkettung von illusionären Aufschwüngen und bitteren Enttäuschungen?

§ 3 *Die Begründung der Autonomie des europäischen Menschentums mit der neuen Konzeption der Idee der Philosophie in der Renaissance*

Nicht immer war es so, daß die Wissenschaft ihre Forderung einer streng begründeten Wahrheit im Sinne *jener* Objektivität verstand, die unsere positiven Wissenschaften methodisch beherrscht und, weit über sie hinauswirkend, einem philosophischen und weltanschaulichen Positivismus Halt und allgemeine Verbreitung verschafft. Nicht immer waren die spezifischen Menschheitsfragen aus dem Reiche der Wissenschaft verbannt und ihre innere Beziehung zu allen Wissenschaften, selbst zu denen, in welchen nicht der Mensch das Thema ist (wie in den Naturwissenschaften), außer Betracht gestellt. Solange es sich noch anders verhielt, konnte die Wissenschaft für das sich seit der Renaissance völlig neu gestaltende europäische Menschentum eine Bedeutung beanspruchen, ja, wie wir wissen, für diese Neugestaltung die führende Bedeutung. Warum sie diese Führung verlor, warum es zu einer wesentlichen Änderung, zur positivistischen Einschränkung der Wissenschaftsidee kam – das nach seinen *tieferen Motiven* zu verstehen, ist für die Absicht dieser Vorträge von Wichtigkeit.

Das europäische Menschentum vollzieht in der Renaissance bekanntlich in sich eine revolutionäre Umwendung. Es wendet sich gegen seine bisherige, die mittelalterliche Daseinsweise, es entwertet sie, es will sich in Freiheit neu gestalten. Sein bewundertes Vorbild hat es am antiken Menschentum. Diese Daseinsart will es an sich nachbilden.

Was erfaßt es als das Wesentliche des antiken Menschen? Nach einigem Schwanken nichts anderes als die „philosophische" Daseinsform: das frei sich selbst, seinem ganzen Leben, seine Regel aus reiner Vernunft, aus der Philosophie Geben. Theoretische Philosophie ist das Erste. Eine überlegene Weltbetrachtung, frei von den Bindungen des Mythos und der Tradition überhaupt, soll ins Werk gesetzt werden, eine universale Welt- und Menschenerkenntnis in absoluter Vorurteilslosigkeit – schließlich in der Welt selbst die ihr innewohnende Vernunft und Teleologie und ihr oberstes Prinzip: Gott, erkennend. Philosophie als Theorie macht nicht bloß den Forscher, sie macht jeden philosophisch Gebildeten frei. Der theoretischen Autonomie folgt die praktische. In dem die Renaissance leitenden Ideal ist der antike Mensch der sich in freier Vernunft einsichtig Formende. Darin liegt für den erneuerten „Platonismus“: es gilt, nicht nur sich selbst ethisch, sondern die ganze menschliche Umwelt, das politische, das soziale Dasein der Menschheit aus freier Vernunft, aus den Einsichten einer universalen Philosophie neu zu gestalten.

Gemäß diesem antiken, zunächst in einzelnen und kleinen Kreisen sich durchsetzenden Vorbild soll wieder eine theoretische Philosophie werden, die nicht blind traditionalistisch übernommen, sondern aus selbsteigener Forschung und Kritik neu werden soll.

Hier ist Nachdruck darauf zu legen, daß die von den Alten überkommene Idee der Philosophie nicht der uns geläufige Schulbegriff ist, der nur eine Gruppe von Disziplinen befaßt: sie ändert sich zwar nicht unwesentlich alsbald nach der Übernahme, formell behält sie aber in den ersten Jahrhunderten der Neuzeit den Sinn der einen *allbefassenden Wissenschaft*, der Wissenschaft von der Totalität des Seienden. Wissenschaften im Plural, alle je zu begründenden und alle schon in Arbeit stehenden sind nur unselbständige Zweige der Einen Philosophie. In einer kühnen, ja überschwenglichen Steigerung des Sinnes der Universalität, die schon mit Descartes einsetzt, erstrebt diese neue Philosophie nichts Geringeres, als in der *Einheit eines theoretischen Systems* alle überhaupt sinnvollen Fragen streng wissenschaftlich zu umfangen in einer apodiktisch einsichtigen Methodik und in einem unendlichen, aber rational geordneten Progressus der Forschung. Ein einziger, von Generation zu Generation ins Unendliche fortwachsender Bau endgültiger, theoretisch verbundener Wahrheiten sollte also alle erdenklichen Probleme beantworten – Tatsachenprobleme und Vernunftprobleme, Probleme der Zeitlichkeit und der Ewigkeit.

Der positivistische Begriff der Wissenschaft in unserer

Zeit ist also – historisch betrachtet – ein *Restbegriff*. Er hat alle die Fragen fallen gelassen, die man in die bald engeren, bald weiteren Begriffe von Metaphysik einbezogen hatte, darunter alle die unklar sogenannten „höchsten und letzten Fragen". Genau besehen haben sie, und alle zum Ausschluß gekommenen überhaupt, ihre unabtrennbare Einheit darin, daß sie, sei es ausdrücklich, sei es in ihrem Sinn impliziert, die *Probleme der Vernunft* – der Vernunft in allen ihren Sondergestalten – enthalten. Ausdrücklich ist sie das Thema in den Disziplinen von der Erkenntnis (sc. der wahren und echten, der vernünftigen Erkenntnis), von der wahren und echten Wertung (echte Werte als Werte der Vernunft), von der ethischen Handlung (das wahrhaft gute Handeln, das Handeln aus praktischer Vernunft); dabei ist Vernunft ein Titel für „absolute", „ewige", „überzeitliche", „unbedingt" gültige Ideen und Ideale. Wird der Mensch zum „metaphysischen", zum spezifisch philosophischen Problem, so ist er in Frage als Vernunftwesen, und ist seine Geschichte in Frage, so handelt es sich um den „Sinn", um die Vernunft in der Geschichte. Das Gottesproblem enthält offenbar das Problem der „absoluten" Vernunft als der teleologischen Quelle aller Vernunft in der Welt, des „Sinnes" der Welt. Natürlich ist auch die Frage der Unsterblichkeit eine Vernunftfrage, wie nicht minder die Frage der Freiheit. Alle diese „metaphysischen" Fragen, weit gefaßt, die spezifisch philosophischen in der üblichen Rede, übersteigen die Welt als Universum der bloßen Tatsachen. Sie übersteigen sie eben als Fragen, welche die Idee Vernunft im Sinne haben. Und sie alle beanspruchen eine höhere Dignität gegenüber den Tatsachenfragen, die auch in der Frageordnung unter ihnen liegen. Der Positivismus enthauptet sozusagen die Philosophie. Schon in der antiken Idee der Philosophie, die ihre Einheit in der untrennbaren Einheit alles Seins hat, war mitgemeint eine sinnvolle Ordnung des Seins und daher der Seinsprobleme. Demgemäß kam der Metaphysik, der Wissenschaft von den höchsten und letzten Fragen, die Würde der Königin der Wissenschaften zu, deren Geist allen Erkenntnissen, denen aller anderen Wissenschaften, erst den letzten Sinn zumaß. Auch das übernahm die sich erneuernde Philosophie, ja sie glaubte sogar, die wahre universale Methode entdeckt zu haben, durch die sich eine solche systematische und in der Metaphysik kulminierende Philosophie müsse aufbauen lassen, und zwar ernstlich als *philosophia perennis.*

Von daher verstehen wir den Schwung, der alle wissenschaftlichen Unternehmungen, aber auch die bloß tatsachenwissenschaftlichen der Unterstufe beseelte, der im 18. Jahrhundert, das sich selbst das philosophische nannte, immer weitere Kreise mit Begeisterung für Philosophie und für alle Einzelwissenschaften als ihre Verzweigungen erfüllte. Daher jener heiße Bildungsdrang, jener Eifer für eine philosophische Reform des Erziehungswesens und der gesamten sozialen und politischen Daseinsformen der Menschheit, welcher dieses vielgeschmähte Zeitalter der Aufklärung so verehrungswürdig macht. Ein unvergängliches Zeugnis für diesen Geist besitzen wir in dem herrlichen Schiller-Beethovenschen Hymnus „An die Freude". Heutzutage können wir diesen Hymnus nur mit schmerzlichen Gefühlen nachverstehen. Kein größerer Kontrast ist denkbar als derjenige mit unserer Gegenwartssituation.

§ 4 *Das Versagen der anfänglich gelingenden neuen Wissenschaft und sein ungeklärtes Motiv*

Wenn nun das neue, von jenem hohen Geiste beseelte und beglückte Menschentum nicht standhielt, so konnte es nur dadurch geschehen, daß es den schwunggebenden Glauben an eine universale Philosophie seines Ideals und an die Tragweite der neuen Methode verlor. Und so geschah es wirklich. Es erwies sich, daß diese Methode sich nur in den positiven Wissenschaften in zweifellosen Erfolgen auswirken konnte. Anders in der Metaphysik, bzw. in den im besonderen Sinne philosophischen Problemen, obschon es auch hier nicht an hoffnungsreichen, scheinbar wohlgelingenden Anfängen fehlte. Die universale Philosophie, in welcher diese Probleme – unklar genug – mit den Tatsachenwissenschaften verbunden waren, nahm die Gestalt eindrucksvoller, aber leider sich nicht einigender, sondern einander ablösender Systemphilosophien an. Mochte man noch im 18. Jahrhundert überzeugt sein, zur Einigung, zu einem durch keine Kritik zu erschütternden, von Generation zu Generation theoretisch sich erweiternden Bau zu kommen, so wie es in den positiven Wissenschaften unbestritten und unter allgemeiner Bewunderung der Fall war – auf die Dauer konnte sich diese Überzeugung nicht erhalten. Der Glaube an das seit Anfang der Neuzeit die Bewegungen dirigierende Ideal der Philosophie und der Methode geriet ins Wanken. Nicht etwa bloß aus dem äußerlichen Motiv, daß der Kontrast zwischen dem beständigen Mißlingen der Metaphysik und dem ungebrochenen und immer gewaltigeren Anschwellen der theoretischen und praktischen Erfolge der positiven Wissenschaften ins Ungeheure wuchs. Dergleichen wirkte auf die Außenstehenden, sowie auf die im spezialisierten Betriebe der positiven Wissenschaften immer mehr zu unphilosophischen Fachmännern gewordenen Wissenschaftler. Aber auch in den vom philosophischen Geiste ganz erfüllten und daher zentral an den obersten metaphysischen Fragen interessierten Forschern stellte sich ein immer vordringlicheres Gefühl des Versagens ein, und zwar bei ihnen aus tiefsten, obzwar ganz *ungeklärten Motiven*, die gegen die festgewurzelten Selbstverständlichkeiten des regierenden Ideals immer lauter Protest erhoben. Es kommt nun eine lange, von Hume und Kant bis in unsere Tage hineinreichende Zeit leidenschaftlichen Ringens, zu einem klaren Selbstverständnis der wahren Gründe dieses jahrhundertlangen Versagens durchzudringen. Natürlich eines Ringens, das sich in den ganz wenigen Berufenen und Auserlesenen abspielte, während die Masse der Übrigen schnell ihre Formel fand und findet, sich und ihre Leser zu beruhigen.

§ 5 *Das Ideal der universalen Philosophie und der Prozeß seiner inneren Auflösung*

Eine sonderbare Wendung des ganzen Denkens war die notwendige Folge. Philosophie wurde sich selbst zum Problem und zunächst begreiflicherweise in der Form der Möglichkeit einer Metaphysik, womit nach dem Frühergesagten implizite Sinn und Möglichkeit der ganzen Vernunftproblematik betroffen war. Was die positiven Wissenschaften anlangt, so standen sie zunächst als unangreifbar da. Doch das Problem einer möglichen Metaphysik umgriff eo ipso auch das der Möglichkeit der Tatsachenwissenschaften, die eben doch in der untrennbaren Einheit der Philosophie ihren Beziehungssinn hatten, ihren Sinn als Wahrheiten für bloße Gebiete des Seienden. *Ist Vernunft und Seiendes zu trennen, wo erkennende Vernunft bestimmt, was Seiendes ist?* Die Frage genügt, im voraus die Andeutung verständlich zu machen, daß der gesamte geschichtliche Prozeß eine sehr merkwürdige, erst durch eine Auslegung der verborgenen innersten Motivation in Sicht kommende Gestalt hat: nicht die einer glatten Entwicklung, nicht die eines kontinuierlichen Wachstums bleibender geistiger Erwerbe oder einer aus den zufälligen historischen Situationen zu erklärenden Verwandlung der geistigen Gestalten, der Begriffe, der Theorien, der Systeme. Ein *bestimmtes Ideal einer universalen Philosophie* und einer dazugehörigen Methode macht den Anfang, sozusagen als *Urstiftung der philosophischen Neuzeit* und aller ihrer Entwicklungsreihen. Aber anstatt daß sich dieses Ideal in der Tat auswirken konnte, erfährt es eine innere Auflösung. Diese motiviert gegenüber den Versuchen seiner Fortführung und erneuernden Festigung revolutionäre Neugestaltungen, und dabei mehr oder minder radikale. So wird nun eigentlich *das Problem des echten Ideals* einer universalen Philosophie und ihrer echten Methode zur innersten Triebkraft aller historischen philosophischen Bewegungen. Das sagt aber, daß schließlich alle neuzeitlichen Wissenschaften nach dem Sinn, in dem sie als Zweige der Philosophie begründet wurden, und den sie danach dauernd in sich trugen, in eine eigenartige, immer mehr als rätselhaft empfundene Krisis hineingerieten. Es ist eine Krisis, welche das Fachwissenschaftliche in seinen theoretischen und praktischen Erfolgen nicht angreift und doch ihren ganzen Wahrheitssinn durch und durch erschüttert. Es handelt sich hierbei nicht um Angelegenheiten einer speziellen Kulturform, „Wissenschaft" bzw. „Philosophie" als einer unter anderen in der europäischen Menschheit. Denn die Urstiftung der neuen Philosophie ist nach dem früher Ausgeführten die Urstiftung des neuzeitlichen europäischen Menschentums, und zwar als eines Menschentums, das gegenüber dem bisherigen, dem mittelalterlichen und antiken, sich radikal erneuern will durch seine neue Philosophie und nur durch sie. Demnach bedeutet die Krisis der Philosophie die Krisis aller neuzeitlichen Wissenschaften als Glieder der philosophischen Universalität, eine zunächst latente, dann aber immer mehr zutage tretende Krisis des europäischen Menschentums selbst, in der gesamten Sinnhaftigkeit seines kulturellen Lebens, in seiner gesamten „Existenz".

Die Skepsis hinsichtlich der Möglichkeit einer Metaphysik, der Zusammenbruch des Glaubens an eine universale Philosophie als Führerin des neuen Menschen besagt eben den Zusammenbruch des Glaubens an die „Vernunft", so verstanden, wie die Alten die Episteme der Doxa gegenüber setzten. Sie ist es, die allem vermeintlich Seienden, allen Dingen, Werten, Zwecken letztlich Sinn gibt, nämlich ihre normative Bezogenheit auf das, was seit den Anfängen der Philosophie das Wort Wahrheit – Wahrheit an sich – und korrelativ das Wort Seiendes – ὄντως ὄν – bezeichnet. Damit fällt auch der Glaube an eine *„absolute"* Vernunft, aus der die Welt ihren Sinn hat, der Glaube an den Sinn der Geschichte, den Sinn des Menschentums, an seine Freiheit, nämlich als Vermöglichkeit des Menschen, seinem individuellen und allgemeinen menschlichen Dasein vernünftigen Sinn zu verschaffen.

Verliert der Mensch diesen Glauben, so heißt das nichts anderes als: er verliert den Glauben „an sich selbst", an das ihm eigene wahre Sein, das er nicht immer schon hat, nicht schon mit der Evidenz des „Ich bin“, sondern nur hat und haben kann in Form des Ringens um seine Wahrheit, darum, sich selbst wahr zu machen. *Überall* ist wahres Sein ein ideales Ziel, eine Aufgabe der Episteme, der „Vernunft“, gegenübergesetzt dem in der Doxa fraglos „selbstverständlichen“, bloß vermeintlichen Sein. Im Grunde kennt jedermann diesen, auf sein wahres und echtes Menschentum bezogenen Unterschied, so wie ihm auch Wahrheit als Ziel, als Aufgabe, schon in der Alltäglichkeit nicht fremd ist: obgleich hier nur in Vereinzelung und Relativität. Aber die Philosophie übersteigt diese Vorgestalt, in der ersten originalen Urstiftung die antike Philosophie, indem sie die überschwengliche Idee einer universalen, auf das All des Seienden bezogenen Erkenntnis erfaßt und sich als ihre Aufgabe setzt. Indessen, eben im Versuch ihrer Erfüllung – und das macht sich schon im Gegeneinander der alten Systeme fühlbar – verwandelt sich immer mehr die naive Selbstverständlichkeit dieser Aufgabe in eine Unverständlichkeit. Immer mehr nimmt die Geschichte der Philosophie, von innen gesehen, den Charakter eines Kampfes ums Dasein an, nämlich als Kampfes der geradehin in ihrer Aufgabe sich auslebenden Philosophie – der Philosophie im naiven Glauben an die Vernunft – mit der sie negierenden oder empiristisch entwertenden Skepsis. Unablässig macht diese die tatsächlich erlebte Welt, die der wirklichen Erfahrung, geltend, als worin von der Vernunft und ihren Ideen nichts zu finden sei. Immer mehr wird die Vernunft selbst und ihr „Seiendes“ rätselhaft, oder wird die Vernunft – als die der seienden Welt von sich aus Sinn gebende – und von der Gegenseite gesehen – Welt als aus der Vernunft her seiende – bis schließlich das *bewußt* zutage gekommene Weltproblem der tiefsten Wesensverbundenheit von Vernunft und Seiendem überhaupt, das *Rätsel aller Rätsel*, zum eigentlichen Thema werden mußte.

Unser Interesse gilt hier nur der philosophischen Neuzeit. Aber sie ist nicht ein bloßes Bruchstück des soeben bezeichneten, des größten historischen Phänomens: des um sein Selbstverständnis ringenden Menschentums (denn in diesem Ausdruck ist alles beschlossen). Vielmehr, als Neustiftung der Philosophie mit einer neuen universalen Aufgabe und zugleich mit dem Sinn einer Renaissance der alten Philosophie, ist sie ineins eine Wiederholung und eine universale Sinnverwandlung. In dieser hält sie sich für berufen, eine neue Zeit anzufangen, ihrer Idee der Philosophie und wahren Methode völlig sicher; sicher auch, durch ihren Radikalismus des neuen Anfangens, alle bisherigen Naivitäten und so alle Skepsis überwunden zu haben. Aber unvermerkt mit eigenen Naivitäten behaftet, ist es ihr Schicksal, auf dem Wege einer allmählichen, in neuen Kämpfen motivierten Selbstenthüllung die endgültige Idee der Philosophie, ihr wahres Thema, ihre wahre Methode allererst suchen, allererst die echten Welträtsel entdecken und auf die Bahn der Entscheidung bringen zu müssen.

Wir Menschen der Gegenwart, in dieser Entwicklung geworden, finden uns in der größten Gefahr, in der skeptischen Sintflut zu versinken und damit unsere eigene Wahrheit fahren zu lassen. In dieser Not uns besinnend, wandert unser Blick zurück in die Geschichte unseres jetzigen Menschentums. Selbstverständnis und dadurch inneren Halt können wir nur gewinnen durch Aufklärung ihres Einheitsinnes, der ihr von ihrem Ursprung her eingeboren ist mit der neugestifteten, die philosophischen Versuche als Triebkraft bewegenden Aufgabe.

§ 6 *Die Geschichte der neuzeitlichen Philosophie als Kampf um den Sinn des Menschen*

Bedenken wir die Auswirkung der philosophischen Ideenentwicklung auf die gesamte (nicht selbst philosophisch forschende) Menschheit, so müssen wir sagen:

Das innere Verständnis der in aller Widersprüchlichkeit einheitlichen Bewegtheit der neuzeitlichen Philosophie von Descartes bis zur Gegenwart ermöglicht allererst ein Verständnis dieser Gegenwart selbst. Die wahren, einzig bedeutungsvollen Kämpfe unserer Zeit sind die Kämpfe zwischen dem schon zusammengebrochenen Menschentum und dem noch bodenständigen, aber um diese Bodenständigkeit bzw. um eine neue ringenden. Die eigentlichen Geisteskämpfe des europäischen Menschentums als solchen spielen sich als *Kämpfe der Philosophien* ab, nämlich zwischen den skeptischen Philosophien – oder vielmehr Unphilosophien, die nur das Wort, nicht aber die Aufgabe behalten haben – und den wirklichen, noch lebendigen Philosophien. Deren Lebendigkeit aber besteht darin, daß sie um ihren echten und wahren Sinn ringen und damit um den Sinn eines echten Menschentums. Die latente Vernunft zum Selbstverständnis ihrer Möglichkeiten zu bringen und damit einsichtig zu machen die Möglichkeit einer Metaphysik als einer wahren Möglichkeit – das ist der einzige Weg, um eine Metaphysik bzw. universale Philosophie in den arbeitsvollen Gang der Verwirklichung zu bringen. Damit allein entscheidet sich, ob das dem europäischen Menschentum mit der Geburt der griechischen Philosophie eingeborene Telos, ein Menschentum aus philosophischer Vernunft sein zu wollen und nur als solches sein zu können – in der unendlichen Bewegung von latenter zu offenbarer Vernunft und im unendlichen Bestreben der Selbstnormierung durch diese seine menschheitliche Wahrheit und Echtheit – ein bloßer historisch-faktischer Wahn ist, ein zufälliger Erwerb einer zufälligen Menschheit inmitten ganz anderer Menschheiten und Geschichtlichkeiten; oder ob nicht vielmehr im griechischen Menschentum erstmalig zum Durchbruch gekommen ist, was als *Entelechie* im Menschentum als solchem wesensmäßig beschlossen ist. Menschentum überhaupt ist wesensmäßig Menschsein in generativ und sozial verbundenen Menschheiten, und ist der Mensch Vernunftwesen, (*animal rationale*), so ist er es nur, sofern seine ganze Menschheit Vernunftmenschheit ist – latent auf Vernunft ausgerichtet oder offen ausgerichtet auf die zu-sich-selbst gekommene, für-sich-selbst offenbar gewordene und nunmehr in Wesensnotwendigkeit das menschheitliche Werden *bewußt leitende* Entelechie. Philosophie, Wissenschaft wäre demnach *die historische Bewegung der Offenbarung der universalen, dem Menschentum als solchem „eingeborenen“ Vernunft.*

So *wäre* es wirklich, wenn die bis heute noch nicht abgeschlossene Bewegung sich als die in der echten und rechten Weise in den Gang reiner Auswirkung gekommene Entelechie *erwiesen* hätte, oder wenn die Vernunft in der Tat für sich selbst vollbewußt in der ihr wesenseigenen Form offenbar geworden wäre, d. i. offenbar in der Form einer universalen, in konsequenter apodiktischer Einsicht fortwerdenden, in apodiktischer Methode sich durch sich selbst normierenden Philosophie. Erst damit wäre entschieden, ob das europäische Menschentum eine absolute Idee in sich trägt und nicht ein bloß empirischer anthropologischer Typus ist wie „China" oder „Indien"; und wieder, ob das Schauspiel der Europäisierung aller fremden Menschheiten in sich das Walten eines absoluten Sinnes bekundet, zum Sinn der Welt gehörig und nicht zu einem historischen Unsinn derselben.

Wir sind jetzt dessen gewiß, daß der Rationalismus des 18. Jahrhunderts, seine Weise, die geforderte Bodenständigkeit des europäischen Menschentums gewinnen zu wollen, eine *Naivität* war. Ist aber mit diesem naiven und, konsequent durchdacht, sogar widersinnigen Rationalismus der *echte* Sinn des Rationalismus preiszugeben? Und wie steht es mit der ernstlichen Aufklärung jener Naivität, jenes Widersinns, und wie mit der Rationalität des gepriesenen und uns zugemuteten Irrationalismus? Muß er nicht, wenn wir auf ihn hören sollen, uns als vernünftig erwägender und begründender überzeugen? Ist seine Irrationalität am Ende nicht wiederum eine engherzige und schlechte Rationalität und eine schlimmere als jene des alten Rationalismus? Ist es nicht sogar die der „faulen Vernunft", welche dem Ringen um eine Klärung der letzten Vorgegebenheiten und der von ihnen aus letztlich und wahrhaft rational vorgezeichneten Ziele und Wege *ausweicht?*

Doch genug daran, ich bin schnell vorausgeeilt, um die unvergleichliche Bedeutung empfindlich zu machen, die einer Aufklärung der tiefsten Motive der Krisis zukommt, in welche die neuzeitliche Philosophie und Wissenschaft schon sehr früh hineingeraten ist, und die sich in gewaltiger Steigerung bis in unsere Gegenwart forterstreckt.

§ 7 *Die Vorhabe der Untersuchungen dieser Schrift*

Aber nun *wir selbst*, wir Philosophen dieser Gegenwart, was können, was müssen Besinnungen der soeben durchgeführten Art *für uns* bedeuten? Wollten wir hier nur eine akademische Rede hören? Können wir nur einfach wieder zurückkehren zur unterbrochenen Berufsarbeit an unseren „philosophischen Problemen", also zum Fortbau unserer eigenen Philosophie? Können wir das ernstlich bei der sicheren Aussicht, daß die unsere wie die aller gegenwärtigen und vergangenen Mitphilosophen nur ihr flüchtiges Tagesdasein haben wird innerhalb der Flora immer neu aufwachsender und sterbender Philosophien?

Eben hierin liegt ja unsere eigene Not, unser aller, die wir nicht Literatenphilosophen sind, sondern, von den echten Philosophen der großen Vergangenheit erzogen, der Wahrheit leben und nur so lebend in unserer eigenen Wahrheit sind und sein wollen. Aber als Philosophen dieser Gegenwart sind wir in einen peinlichen *existenziellen Widerspruch* hineingeraten. Den Glauben an die Möglichkeit der Philosophie als Aufgabe, also an die Möglichkeit einer universalen Erkenntnis, *können* wir nicht fahren lassen. In dieser Aufgabe *wissen* wir uns als ernstliche Philosophen *berufen*. Und doch, wie den Glauben festhalten, der nur Sinn hat mit Beziehung auf das eine, einzige uns allen gemeinsame Ziel, auf *die* Philosophie?

Wir sind dessen auch schon dem Allgemeinsten nach inne geworden, daß menschliches Philosophieren und seine Ergebnisse im gesamtmenschlichen Dasein nichts weniger als die bloße Bedeutung privater oder sonstwie beschränkter Kulturzwecke hat. Wir sind also – wie könnten wir davon absehen – in *unserem* Philosophieren *Funktionäre der Menschheit*. Die ganz persönliche Verantwortung für unser eigenes wahrhaftes Sein als Philosophen in unserer innerpersönlichen Berufenheit trägt zugleich in sich die Verantwortung für das wahre Sein der Menschheit, das nur als Sein auf ein *Telos* hin ist, und *wenn überhaupt*, zur Verwirklichung nur kommen kann durch Philosophie

– durch *uns, wenn* wir im Ernste Philosophen sind. Gibt es hier – in diesem existenziellen „Wenn“ – ein Ausweichen? Sofern aber nicht, was sollen wir tun, um glauben zu *können*, wir, die wir *glauben*? Wir, die wir unser bisheriges Philosophieren, das Philosophien, aber nicht Philosophie erhoffen läßt, ernstlich nicht fortsetzen können.

Unsere erste historische Besinnung hat uns nicht nur die faktische Gegenwartslage und ihre Not als nüchterne Tatsache klargemacht, sie hat uns auch daran erinnert, daß wir als Philosophen nach der Zielstellung, die das Wort „Philosophie“ anzeigt, nach Begriffen, Problemen, nach Methoden *Erben* der Vergangenheit sind. Es ist klar (was könnte hier sonst helfen), daß es eingehender *historischer und kritischer Rückbesinnungen* bedarf, um *vor allen Entscheidungen* für ein radikales Selbstverständnis zu sorgen: durch Rückfrage nach dem, was ursprünglich und je als Philosophie gewollt und durch alle historisch mit einander kommunizierenden Philosophen und Philosophien hindurch fortgewollt war. Dies aber unter *kritischer* Erwägung dessen, was in Zielstellung und Methode diejenige *letzte Ursprungsechtheit* erweist, welche, einmal erschaut, den Willen *apodiktisch bezwingt.*

Wie das wirklich durchzuführen ist, und was letztlich die unser existenzielles Sein als Philosophen entscheidende Apodiktizität eigentlich meinen soll, ist zunächst unklar. Im weiteren will ich versuchen, die Wege zu führen, die ich selber gegangen bin, deren Durchführbarkeit und deren Bodenfestigkeit ich in Jahrzehnten erprobt habe. Wir gehen also von nun an gemeinsam, gewappnet mit der äußersten skeptischen, aber ja nicht vorweg negativistischen Geisteshaltung. Wir versuchen, durch die Kruste der veräußerlichten „historischen Tatsachen“ der Philosophiegeschichte durchzustoßen, deren inneren Sinn, ihre verborgene Teleologie befragend, aufweisend, erprobend. Allmählich melden sich auf diesem Wege, zunächst wenig beachtet, aber immer dringlicher, Möglichkeiten für völlig neue Blickwendungen, verweisend in neue Dimensionen. Es regen sich nie gefragte Fragen, es zeigen sich nie betretene Arbeitsfelder, nie radikal verstandene und erfaßte

Korrelationen. Schließlich nötigen sie, den Gesamtsinn der Philosophie, wie er durch alle historischen Gestalten hindurch der „selbstverständlich“ geltende war, grundwesentlich zu verwandeln. Es erweist sich mit der neuen Aufgabe und ihrem universalen apodiktischen Boden die *praktische* Möglichkeit einer neuen Philosophie: durch die Tat. Es zeigt sich aber auch, daß auf diesen neuen Sinn von Philosophie die ganze Philosophie der Vergangenheit, obschon ihr selbst unbewußt, innerlich ausgerichtet war. In dieser Hinsicht wird insbesondere das tragische Versagen der neuzeitlichen *Psychologie* verständlich und erleuchtet werden; verständlich ihr historisches Dasein im Widerspruch: daß sie (in dem ihr historisch zugewachsenen Sinn) den Anspruch erheben mußte, die philosophische Grundwissenschaft zu sein, während sich daraus offenbar widersinnige Konsequenzen, die des sogenannten „Psychologismus“, ergaben.

Ich versuche zu führen, nicht zu belehren, nur aufzuweisen, zu beschreiben, was ich sehe. Ich erhebe keinen anderen Anspruch als den, in erster Linie mir selbst gegenüber und demgemäß auch vor Anderen nach bestem Wissen und Gewissen sprechen zu dürfen als jemand, der das Schicksal eines philosophischen Daseins in seinem ganzen Ernste durchlebte.

II. Die Ursprungsklärung des neuzeitlichen Gegensatzes zwischen physikalistischem Objektivismus und transzendentalem Subjektivismus

§ 8 *Der Ursprung der neuen Idee der Universalität der Wissenschaft in der Umgestaltung der Mathematik*

Als erstes gilt es jetzt, die wesentliche Verwandlung der Idee, der Aufgabe der universalen Philosophie zu verstehen, welche sich zu Beginn der Neuzeit bei der Übernahme der antiken Idee vollzogen hat. Von Descartes an regiert die neue Idee den gesamten Entwicklungsgang der philosophischen Bewegungen und wird zum inneren Motiv aller ihrer Spannungen.

Die Umgestaltung setzt zunächst ein als eine solche hervorstechender Einzelwissenschaften des antiken Erbgutes: der Euklidischen Geometrie und der sonstigen griechischen Mathematik, in weiterer Folge der griechischen Naturwissenschaft. In unseren Augen sind das Stücke, Anfänge unserer entwickelten Wissenschaften. Man darf aber dabei die gewaltige Sinnwandlung nicht übersehen, in der zunächst der Mathematik (als Geometrie und als formalabstrakter Zahl- und Größenlehre) *universale* Aufgaben gestellt werden, und zwar eines *prinzipiell neuen*, den Alten fremden Stiles. Diese hatten zwar schon, von der Platonischen Ideenlehre geleitet, die empirischen Zahlen, Maßgrößen, die empirischen Raumfiguren, die Punkte, Linien, Flächen, Körper idealisiert, ineins damit die Sätze und Beweise der Geometrie in ideal-geometrische Sätze und Beweise verwandelt. Noch mehr. Mit der Euklidischen Geometrie war die höchst eindrucksvolle Idee einer auf ein weit- und hochgestecktes ideales Ziel ausgerichteten, systematisch einheitlichen deduktiven Theorie erwachsen, beruhend auf „axiomatischen“ Grundbegriffen und Grundsätzen, in apodiktischen Schlußfolgerungen fortschreitend – ein Ganzes aus reiner Rationalität, ein in seiner unbedingten Wahrheit einsehbares Ganzes von lauter unbedingten unmittelbar und mittelbar einsichtigen Wahrheiten. Aber die Euklidische Geometrie und die alte Mathematik überhaupt kennt nur endliche Aufgaben, ein *endlich geschlossenes Apriori*. Dahin gehört auch das der Aristotelischen Syllogistik als ein allem anderen übergeordnetes Apriori. So weit kommt das Altertum. Niemals aber so weit, die Möglichkeit der unendlichen Aufgabe zu erfassen, die für uns mit dem Begriff des geometrischen Raumes wie selbstverständlich verknüpft ist und mit dem Begriff der Geometrie als ihm zugehörige Wissenschaft. Zum idealen Raum gehört für uns ein universales systematisch einheitliches Apriori, eine unendliche und trotz der Unendlichkeit in sich geschlossen einheitliche systematische Theorie, die, von axiomatischen Begriffen und Sätzen aufsteigend, jede erdenkliche, in den Raum einzuzeichnende Gestalt in deduktiver Eindeutigkeit zu konstruieren gestattet. Im voraus ist, was im geometrischen Raume idealiter „existiert“, in allen seinen Bestimmtheiten eindeutig entschieden. Unser apodiktisches Denken „entdeckt“ nur, nach Begriffen, Sätzen, Schlüssen, Beweisen etappenmäßig ins Unendliche fortschreitend, was im voraus, was an sich schon in Wahrheit ist.

Die Konzeption dieser *Idee eines rationalen unendlichen Seinsalls mit einer systematisch es beherrschenden rationalen Wissenschaft* ist das unerhört Neue. Eine unendliche *Welt*, hier eine *Welt von Idealitäten*, ist konzipiert als eine solche, deren Objekte nicht einzelweise unvollkommen und wie zufällig unserer Erkenntnis zugänglich werden, sondern eine rationale, systematisch einheitliche Methode erreicht – im unendlichen Fortschreiten – schließlich *jedes* Objekt nach seinem vollen An-sich-sein.

So aber nicht nur hinsichtlich des idealen Raumes. Noch viel ferner lag den Alten die Konzeption einer ähnlichen, aber (als durch formalisierende Abstraktion entsprungen) allgemeineren Idee, die einer *formalen Mathematik*. Erst in den Anfängen der Neuzeit beginnt die eigentliche Eroberung und Entdeckung der unendlichen mathematischen Horizonte. Es erwachsen Anfänge der Algebra, der Mathematik der Kontinua, der analytischen Geometrie. Mit der dem neuen Menschentum eigentümlichen Kühnheit und Originalität wird von da aus sehr bald das große Ideal einer in diesem neuen Sinne rationalen allumfassenden Wissenschaft antizipiert, bzw. die Idee: daß die unendliche Allheit des überhaupt Seienden in sich eine rationale Alleinheit sei, die korrelativ durch eine universale Wissenschaft, und zwar restlos, zu beherrschen sei. Lange ehe diese Idee ausgereift ist, ist sie schon als unklare oder halbklare Vorahnung für die weitere Entwicklung bestimmend. Jedenfalls mit der neuen Mathematik hat es nicht sein Bewenden. Alsbald greift ihr Rationalismus auf die Naturwissenschaft über und schafft für sie die völlig neue Idee der *mathematischen Naturwissenschaft:* der Galileischen, wie sie längerhin mit Recht genannt wurde. Sobald diese in den Gang einer glückenden Realisierung kommt, verwandelt sich die Idee der Philosophie (als Wissenschaft vom Weltall, vom All des Seienden) überhaupt.

§ 9 *Galileis Mathematisierung der Natur*

Für den Platonismus hatte das Reale eine mehr oder minder vollkommene Methexis am Idealen. Das gab für die antike Geometrie Möglichkeiten einer primitiven Anwendung auf die Realität. In der Galileischen *Mathematisierung der Natur* wird nun *diese selbst* unter der Leitung der neuen Mathematik idealisiert, sie wird – modern ausgedrückt – selbst zu einer mathematischen Mannigfaltigkeit.

Was ist der Sinn dieser Mathematisierung der Natur, wie rekonstruieren wir den Gedankengang, der sie motivierte?

Die Welt ist vorwissenschaftlich in der alltäglichen sinnlichen Erfahrung subjektiv-relativ gegeben. Jeder von uns hat seine Erscheinungen, und jedem gelten sie als das wirklich Seiende. Dieser Diskrepanz unserer Seinsgeltungen sind wir im Verkehr miteinander längst inne geworden. Wir meinen aber darum nicht, es seien viele Welten. Notwendig glauben wir an *die* Welt mit denselben uns nur verschieden erscheinenden Dingen. Haben wir nichts weiter als die leere notwendige Idee von an sich objektiv seienden Dingen? Ist nicht in den Erscheinungen selbst ein Gehalt, den wir der wahren Natur zusprechen müssen? Dahin gehört doch – ich beschreibe, ohne selbst Stellung zu nehmen, die das Galileische Denken motivierende „Selbstverständlichkeit" – alles, was in der Evidenz absoluter Allgemeingültigkeit die reine Geometrie und überhaupt die Mathematik der reinen Raumzeitform hinsichtlich der in ihr idealiter konstruierbaren reinen Gestalten lehrt.

Was in dieser „Selbstverständlichkeit" Galileis lag, und was für ihn an weiteren Selbstverständlichkeiten hinzukam, die Idee einer mathematischen Naturerkenntnis in seinem neuen Sinne zu motivieren, bedarf einer sorgfältigen Auslegung. Wir beachten, daß er, der Naturphilosoph und „Bahnbrecher" der Physik, noch nicht Physiker im vollen heutigen Sinne war; daß sein Denken sich noch nicht, wie das unserer Mathematiker und mathematischen Physiker, in einer anschauungsfernen Symbolik bewegte, und daß wir unsere, durch ihn und die weitere historische Entwicklung gewordenen „Selbstverständlichkeiten" ihm nicht einlegen dürfen.

a) „Reine Geometrie"

Überlegen wir zunächst die „reine Geometrie", die reine Mathematik der raumzeitlichen Gestalten überhaupt, Galilei als alte Tradition vorgegeben, in lebendiger Fortentwicklung begriffen – also dem Allgemeinen nach so, wie sie für uns selbst noch da ist als Wissenschaft von „reinen Idealitäten", andererseits in ständiger praktischer Anwendung auf die Welt sinnlicher Erfahrung. So alltäglich vertraut ist der Wechsel zwischen apriorischer Theorie und Empirie, daß wir gewöhnlich geneigt sind, Raum und Raumgestalten, über welche die Geometrie spricht, von Raum und Raumgestalten der Erfahrungswirklichkeit nicht zu scheiden, als ob es einerlei wäre. Soll aber die Geometrie als Sinnesfundament der exakten Physik verstanden werden, müssen wir hierin und überhaupt sehr genau sein. Wir werden daher, um Galileis Gedankenbildung aufzuklären, nicht nur das, was ihn bewußt motivierte, rekonstruieren müssen. Vielmehr wird es auch lehrreich sein, aufzuhellen, was in seinem Leitbild der Mathematik implizite beschlossen war, obschon es ihm bei seiner Interessenrichtung verschlossen blieb: als verborgene Sinnesvoraussetzung mußte es natürlich in seine Physik mit eingehen.

In der anschaulichen Umwelt erfahren wir in der abstraktiven Blickrichtung auf die bloßen raumzeitlichen Gestalten „Körper" – nicht geometrisch-ideale Körper, sondern eben *die* Körper, die wir wirklich erfahren und mit dem Inhalt, der wirklich Erfahrungsinhalt ist. Wie willkürlich wir sie in der Phantasie umdenken mögen: die freien, in gewissem Sinne „idealen" Möglichkeiten, die wir so gewinnen, sind nichts weniger als die geometrisch-idealen Möglichkeiten, nicht die in den idealen Raum einzuzeichnenden geometrisch „reinen" Gestalten – die „reinen" Körper, die „reinen" Geraden, die „reinen" Ebenen, die „reinen" Figuren sonst und die in „reinen" Figuren verlaufenden Bewegungen und Deformationen. Geometrischer Raum besagt also nicht etwa phantasierter Raum und in Allgemeinheit: Raum einer, wie immer, phantasierbaren (erdenklichen) Welt überhaupt. Die Phantasie kann sinnliche Gestalten nur wieder in sinnliche Gestalten verwandeln. Und dergleichen Gestalten, ob in Wirklichkeit oder Phantasie, sind nur denkbar in Gradualitäten: des mehr oder minder Geraden, Ebenen, Kreisförmigen usw.

Die Dinge der anschaulichen Umwelt stehen ja überhaupt und in allen ihren Eigenschaften im Schwanken des bloß Typischen; ihre Identität mit sich selbst, ihr Sich-selbst-Gleichsein und in Gleichheit zeitweilig Dauern ist ein bloß ungefähres, ebenso wie ihr Gleichsein mit anderem. Das greift in alle Veränderungen ein und in *ihre* möglichen Gleichheiten und Veränderungen. Entsprechendes gilt also auch für die abstrakt gefaßten Gestalten der empirisch anschaulichen Körper und ihrer Beziehungen. Diese Gradualität charakterisiert sich als eine solche größerer oder geringerer Vollkommenheit. Praktisch gibt es wie sonst auch hier ein Vollkommenes schlechthin in dem Sinne, daß das spezielle praktische Interesse dabei eben voll befriedigt ist. Aber im Wechsel der Interessen ist das für das eine als völlig genau Befriedigende es nicht mehr für das andere, wobei allerdings dem normalen technischen Vermögen der Vervollkommnung, dem Vermögen z. B., das Gerade noch gerader, der Ebene noch ebener zu machen, eine Grenze des Könnens gesetzt ist. Aber mit der Menschheit schreitet die Technik fort, wie auch das Interesse für das technisch Feinere; und so schiebt sich das Ideal der Vollkommenheit immer weiter hinaus. Von daher haben wir auch immer schon einen offenen Horizont *erdenklicher*, immer weiter zu treibender Verbesserung.

Ohne von hier aus tiefer in die Wesenszusammenhänge einzugehen (was systematisch nie geschehen und keineswegs leicht ist), werden wir schon verstehen, daß sich von der Vervollkommnungspraxis her, im freien Eindringen in die Horizonte *erdenklicher* Vervollkommnung im „Immer wieder", überall *Limes-Gestalten* vorzeichnen, auf die hin als invariante und nie zu erreichende Pole die jeweilige Vervollkommnungsreihe hinläuft. Für diese idealen Gestalten interessiert und konsequent damit beschäftigt, sie zu bestimmen und aus den schon bestimmten neue zu konstruieren, sind wir „Geometer". Und ebenso für die weitere Sphäre, die auch die Dimension der Zeit befaßt, sind wir Mathematiker der „reinen" Gestalten, deren universale Form die selbst mitidealisierte Raumzeitform ist. Anstelle der realen Praxis – sei es also der handelnden oder die empirischen Möglichkeiten bedenkenden, die es mit wirklichen und real-möglichen empirischen Körpern zu tun hat – haben wir jetzt eine *ideale Praxis* eines „reinen Denkens", das sich ausschließlich *im Reiche reiner Limesgestalten* hält. Diese sind durch die historisch längst ausgebildete, in intersubjektiver Vergemeinschaftung zu übende Methode der Idealisierung und Konstruktion zu habituell-verfügbaren Erwerben geworden, mit welchen man immer wieder Neues erarbeiten kann: eine unendliche und doch in sich geschlossene Welt idealer Gegenständlichkeiten als Arbeitsfeld. Wie alle durch menschliche Arbeitsleistung entspringenden Kulturerwerbe bleiben sie objektiv erkennbar und verfügbar, auch ohne daß ihre Sinnbildung stets wieder explizit erneuert werden müßte; sie werden aufgrund sinnlicher Verkörperung, z. B. durch Sprache und Schrift, schlicht apperzeptiv erfaßt und operativ behandelt. In ähnlicher Weise fungieren die sinnlichen „Modelle", zu welchen insbesondere gehören die während der Arbeit beständig verwendeten Zeichnungen auf dem Papier, für das Lesend-Lernen die gedruckten Zeichnungen im Lehrbuch und dergleichen. Es ist ähnlich, wie sonst Kulturobjekte (Zangen, Bohrer usw.) verstanden, schlicht „gesehen" werden in ihren spezifischen Kultureigenschaften ohne jedes Wiederanschaulichmachen dessen, was solchen Eigenschaften ihren eigentlichen Sinn gab. In dieser Gestalt altverstandener Erwerbe dienen in der methodischen Praxis der Mathematiker die in den Verkörperungen sozusagen sedimentierten Bedeutungen. Und so ermöglichen sie ein geistiges Hantieren in der geometrischen Welt idealer Gegenständlichkeiten. (Geometrie vertritt uns hier überall die ganze Mathematik der Raumzeitlichkeit.)

Aber in dieser mathematischen Praxis erreichen wir, was uns in der empirischen Praxis versagt ist: *„Exaktheit"*; denn für die idealen Gestalten ergibt sich die Möglichkeit, sie *in absoluter Identität zu bestimmen*, sie als Substrate absolut identischer und methodisch-eindeutig bestimmbarer Beschaffenheiten zu erkennen. Das aber nicht nur im einzelnen und nach einer allgemein gleichen Methode, die, an beliebig herausgegriffenen sinnlich anschaulichen Gestalten betätigt, die Idealisierung überall ausführen und die ihnen entsprechenden reinen Idealitäten in objektiver und eindeutiger Bestimmtheit originär schaffen könnte. In dieser Hinsicht sind *einzelne Gebilde ausgezeichnet* wie gerade Strecken, Dreiecke, Kreise. Es ist aber möglich – und das war *die Entdeckung, die die Geometrie schuf* – mittels jener vorweg als allgemein verfügbar ausgezeichneten Elementargestalten und nach allgemein mit ihnen zu vollführenden Operationen nicht nur immer wieder andere Gestalten zu *konstruieren*, die vermöge der erzeugenden Methode intersubjektiv eindeutig bestimmt sind. Denn schließlich eröffnete sich die Möglichkeit, *alle überhaupt erdenklichen* idealen Gestalten in einer apriorischen, allumfangenden systematischen Methode konstruktiv eindeutig zu erzeugen.

Die geometrische Methodik der operativen Bestimmung einiger und schließlich aller idealen Gestalten aus Grundgestalten, als den elementaren Bestimmungsmitteln, *weist zurück* auf die schon in der *vorwissenschaftlich-anschaulichen Umwelt*, zuerst ganz primitiv und dann kunstmäßig geübte *Methodik des ausmessenden und überhaupt messenden Bestimmens*. Dessen Abzweckung hat seinen einleuchtenden Ursprung in der Wesenform dieser Umwelt. Die in ihr sinnlich erfahrbaren und sinnlich-anschaulich erdenklichen Gestalten und die in jeder Allgemeinheitsstufe erdenklichen Typen gehen kontinuierlich ineinander über. In dieser Kontinuität füllen sie die (sinnlich anschauliche) Raumzeitlichkeit als ihre Form aus. Jede Gestalt aus dieser offenen Unendlichkeit, auch wenn sie in der Realität als *Faktum* anschaulich gegeben ist, ist doch *ohne „Objektivität“*, sie ist so nicht intersubjektiv für jedermann, – für jeden Anderen, der sie nicht zugleich faktisch sieht – bestimmbar, in ihren Bestimmtheiten mitteilbar. Dem dient offenbar die *Meßkunst.* Es handelt sich in ihr um Mehrfältiges, worunter das eigentliche Messen nur das Schlußstück ist: einerseits darum, für körperliche Gestalten von Flüssen, Bergen, Gebäuden etc., die in der Regel festbestimmender Begriffe und Namen entbehren müssen, solche Begriffe zu schaffen; zunächst für ihre „Formen“ (innerhalb der bildlichen Ähnlichkeit) und dann in ihren Größen und Größenverhältnissen, dazu noch für die Lagebestimmungen durch Messung der Abstände und Winkel bezogen auf bekannte, als unverrückt vorausgesetzte Orte und Richtungen. Die Meßkunst entdeckt *praktisch* die Möglichkeit, gewisse empirische Grundgestalten, an faktisch allgemein verfügbaren empirisch-starren Körpern konkret festgelegt, als *Maße* auszuwählen und mittels der zwischen ihnen und anderen Körper-Gestalten bestehenden (bzw. zu entdeckenden) Beziehungen diese anderen Gestalten intersubjektiv und praktisch eindeutig zu bestimmen – zuerst in engeren Sphären (z. B. in der *Feldmeßkunst*), eben sodann für neue Gestaltsphären. So versteht sich, daß im Gefolge des wach gewordenen Strebens nach einer „philosophischen“, einer das „wahre“, das objektive Sein der Welt bestimmenden Erkenntnis die *empirische Meßkunst* und ihre empirisch-praktisch objektivierende Funktion, unter Umstellung des praktischen in ein rein theoretisches Interesse, *idealisiert wurde und so in das rein geometrische Denkverfahren überging.* Die Meßkunst wird also zur Wegbereiterin der schließlich universellen Geometrie und ihrer „Welt“ reiner Limesgestalten.

b) Der Grundgedanke der Galileischen Physik: Natur als mathematisches Universum

Die relativ entwickelte Geometrie, die für Galilei und schon in einer breiten, nicht nur irdischen, sondern astronomischen Anwendung vorlag, war demnach für ihn bereits traditional vorgegeben als Anleitung für sein das Empirische auf die mathematischen Limesideen beziehendes Denken. Für ihn war natürlich auch als Tradition da die ihrerseits inzwischen selbst schon von der Geometrie mitbestimmte Meßkunst in ihrer Intention auf immer weiter zu steigernde Genauigkeit der Messung und durch sie der objektiven Bestimmung der Gestalten selbst. Hatte die empirische und sehr beschränkte Aufgabenstellung der technischen Praxis ursprünglich die der reinen Geometrie motiviert, so war ja nachher und längst schon auch umgekehrt die Geometrie, als „angewandte", zum *Mittel für die Technik* geworden, zu ihrer Leitung in der Konzeption und Durchführung der Aufgabe: eine Messungsmethodik für die objektive Gestaltbestimmung systematisch auszubilden, in ständiger Steigerung als „Approximation" auf die geometrischen Ideale, die Limesgestalten hin.

Das lag für Galilei also vor – freilich ohne daß er, und wohlbegreiflich, das Bedürfnis empfand, in die Art, wie die idealisierende Leistung ursprünglich erwuchs (nämlich wie sie erwuchs auf dem Untergrunde der vorgeometrischen sinnlichen Welt und ihrer praktischen Künste), einzugehen und sich in Fragen zu vertiefen nach dem Ursprung der apodiktischen mathematischen Evidenz. In der Einstellung des Geometers fehlt dafür das Bedürfnis: man hat ja Geometrie studiert, man „versteht" die geometrischen Begriffe und Sätze, ist vertraut mit den Operationsmethoden als den Weisen, mit bestimmt definierten Gebilden umzugehen, dabei von den Figuren auf dem Papier (den „Modellen") entsprechenden Gebrauch zu machen. Daß es für die Geometrie als Zweig einer universalen Erkenntnis vom Seienden (einer Philosophie) einmal relevant, ja grundwichtig werden könnte, die geometrische Evidenz, das „Wie" ihres Ursprungs, zum Problem zu machen, das lag einem Galilei ganz fern. Wie eine Umkehrung der Blickrichtung dringlich werden und der „Ursprung“ der Erkenntnis zum Hauptproblem werden mußte, das wird für uns im Fortgang der geschichtlichen Betrachtungen von Galilei aus alsbald zu einem wesentlichen Interesse werden.

Hier sehen wir zu, wie die Geometrie, in derjenigen Naivität apriorischer Evidenz übernommen, die jede normale geometrische Arbeit in Bewegung hält, das Denken Galileis bestimmt und es auf die Idee einer Physik hinleitet, die nunmehr in seiner Lebensarbeit erstmalig entspringt. Also von der praktisch verständlichen Art ausgehend, wie Geometrie von vornherein in einer altüberlieferten Sphäre der sinnlichen Umwelt zu einer eindeutigen Bestimmung verhilft, sagte sich Galilei: Wo immer eine solche Methodik ausgebildet ist, da haben wir damit auch die Relativität der subjektiven Auffassungen überwunden, die nun einmal der empirisch-anschaulichen Welt wesentlich ist. Denn auf diese Weise gewinnen wir *eine identische irrelative Wahrheit*, von der jedermann, der diese Methode zu verstehen und zu üben vermag, sich überzeugen kann. *Hier also erkennen wir ein wahrhaft Seiendes selbst* – obschon nur in Form einer vom empirisch Gegebenen aus stetig zu steigernden Approximation an die geometrische Idealgestalt, die als leitender Pol fungiert.

Indessen diese ganze *reine* Mathematik hat es mit den Körpern und der körperlichen Welt in einer bloßen *Abstraktion* zu tun, nämlich nur mit den *abstrakten Gestalten* in der Raumzeitlichkeit, und zudem mit diesen nur als rein „idealen“ Limesgestalten. *Konkret* aber sind uns, zunächst in der empirischen sinnlichen Anschauung, die wirklichen und möglichen empirischen Gestalten bloß als *„Formen“* einer „Materie“, einer *sinnlichen Fülle* gegeben; also mit dem, was sich in den sogenannten *„spezifischen“ Sinnesqualitäten*[1] Farbe, Ton, Geruch und dergleichen, und in eigenen Gradualitäten darstellt.

[1] Es ist eine schlimme Erbschaft der psychologischen Tradition seit Lockes Zeiten, daß beständig den *sinnlichen Qualitäten* der

Zur Konkretion der sinnlich anschaulichen Körper, ihres Seins in wirklicher und möglicher Erfahrung gehört auch, daß sie in der ihnen eigenwesentlichen Veränderlichkeit *gebunden* sind. Ihre Veränderungen nach raumzeitlicher Stelle, nach Form- und Füllebeschaffenheiten, sind nicht zufällig-beliebig, sondern in sinnlich-*typischen* Weisen von einander empirisch abhängig. Solche Bezogenheiten der körperlichen Geschehnisse aufeinander sind *selbst Momente der alltäglich erfahrenden Anschauung*; sie werden als *das* erfahren, was den simultan und sukzessiv *zusammen seienden* Körpern *Zusammengehörigkeit* gibt, oder als das ihr Sein und Sosein miteinander *Verbindende.* Vielfach, aber nicht immer, treten uns diese real-kausalen Verbundenheiten nach ihren Verbindungsgliedern in der Erfahrung bestimmt entgegen. Wo das nicht der Fall ist und irgendetwas auffällig Neues geschieht, fragen wir gleichwohl alsbald nach dem Warum und sehen uns in den raumzeitlichen Umständen danach um. Die Dinge der anschaulichen Umwelt (immer genommen so, wie sie anschaulich in der Lebensalltäglichkeit für uns da sind und uns als

in der alltäglich anschaulichen Umwelt *wirklich erfahrenen* Körper, – den Farben, den Tastqualitäten, den Gerüchen, den Wärmen, den Schweren usw., die *an den Körpern selbst wahrgenommen* werden, eben als *ihre Eigenschaften* – unterschoben werden die *„sinnlichen Daten"*, „Empfindungsdaten", die ungeschieden ebenfalls sinnliche Qualitäten heißen und, im allgemeinen wenigstens, gar nicht von ihnen unterschieden werden. Wo man einen Unterschied fühlt, (statt ihn, was höchst notwendig ist, gründlich in seiner Eigenheit zu beschreiben) spielt – darüber wird noch zu sprechen sein – die grundverkehrte Meinung eine Rolle, daß die „Empfindungsdaten" die unmittelbaren Gegebenheiten sind. Und sogleich pflegt dann dem ihnen an den Körpern selbst Entsprechenden das Mathematisch-Physikalische unterschoben zu werden, dessen Sinnesquellen zu untersuchen wir eben beschäftigt sind. Wir sprechen hier und überall, getreu die wirkliche Erfahrung zur Aussprache bringend, von *Qualitäten*, von *Eigenschaften* der wirklich in diesen Eigenschaften wahrgenommenen Körper. Und wenn wir sie als *Füllen* von Gestalten bezeichnen, so nehmen wir auch diese Gestalten als „Qualitäten" der Körper selbst, und auch als sinnliche, nur daß sie als *αἰσθητὰ κοινά* nicht die Bezogenheit auf ihnen allein zugehörige Sinnesorgane haben wie die *αἰσθητὰ ἴδια*.

Wirklichkeiten gelten) haben sozusagen ihre *„Gewohnheiten"*, sich unter typisch ähnlichen Umständen ähnlich zu verhalten. Nehmen wir die anschauliche Welt *im Ganzen* in der strömenden Jeweiligkeit, in welcher sie für uns schlicht da ist, so hat sie auch als ganze ihre „Gewohnheit", nämlich sich gewohnheitsmäßig so wie bisher fortzusetzen. So hat unsere empirisch *anschauliche* Umwelt einen *empirischen Gesamtstil.* Wie immer wir diese Welt in der Phantasie gewandelt denken oder den künftigen Weltverlauf in seinen Unbekanntheiten uns vorstellig machen „als wie er sein könnte", in seinen Möglichkeiten: notwendig stellen wir ihn in dem Stil vor, in dem wir die Welt schon haben und bisher hatten. Dessen können wir in Reflexion und *in freier Variation dieser Möglichkeiten* ausdrücklich bewußt werden. Wir können so *den invarianten allgemeinen Stil*, in dem diese anschauliche Welt im Strömen der totalen Erfahrung verharrt, zum *Thema* machen. Eben damit sehen wir, daß allgemein die Dinge und ihre Geschehnisse nicht beliebig auftreten, verlaufen, sondern durch diesen Stil, durch die invariante Form der anschaulichen Welt *„apriori" gebunden* sind; mit anderen Worten, daß durch eine *universale kausale Regelung alles in der Welt Zusammen-Seiende* eine allgemeine unmittelbare oder mittelbare *Zusammengehörigkeit* hat, in der die Welt nicht bloß eine Allheit, sondern *Alleinheit*, ein (obschon unendliches) *Ganzes* ist. Das ist apriori evident, wie geringes auch von den besonderen kausalen Verbundenheiten wirklich erfahren, wie wenig davon aus früherer Erfahrung bekannt und für künftige Erfahrung vorzeichnend ist.

Dieser universale Kausalstil der anschaulichen Umwelt macht in ihr *Hypothesen*, macht Induktionen, macht Voraussichten hinsichtlich der Unbekanntheiten der Gegenwart, der Vergangenheit und Zukunft möglich. Aber im vorwissenschaftlich erkennenden Leben stecken wir bei alledem im Ungefähren, *Typischen.* Wie soll eine *„Philosophie"*, eine *wissenschaftliche Erkenntnis von der Welt* möglich werden, wenn es bei dem vagen Totalitätsbewußtsein sein Bewenden hätte, in welchem die Welt als Horizont bei allem Wechsel zeitweiliger Interessen und Erkenntnisthemen mitbewußt ist? Allerdings können wir auch, wie vorhin gezeigt, auf dieses Weltganze thematisch reflektieren und dessen Kausalstil in den Griff bekommen. Aber wir gewinnen dabei nur die Evidenz der leeren Allgemeinheit: daß alles erfahrbare Geschehen an jedem Orte und zu allen Zeiten kausal bestimmt ist. Wie steht es jedoch mit der jeweilig *bestimmten Weltkausalität*, als dem jeweilig bestimmten Geflechte von kausalen Verbundenheiten, das alle realen Vorkommnisse aller Zeiten konkret macht? Die Welt „philosophisch", ernstlich wissenschaftlich erkennen, das kann nur Sinn und Möglichkeit haben, wenn eine Methode zu erfinden ist, die Welt, die Unendlichkeit ihrer Kausalitäten, von dem geringen Bestande des jeweils in direkter Erfahrung und nur relativ Festzustellenden aus systematisch, gewissermaßen im voraus, zu *konstruieren* und diese Konstruktion trotz der Unendlichkeit zwingend zu *bewähren*. Wie ist das denkbar?

Aber hier bietet sich die *Mathematik* uns *als Lehrmeisterin* an. Hinsichtlich der raumzeitlichen Gestalten hatte sie also schon die Bahn gebrochen und zwar in doppelter Weise: Fürs *Erste*, durch ihre Idealisierung der Körperwelt in Hinsicht auf ihr raumzeitlich Gestalthaftes hat sie ideale Objektivitäten geschaffen. Sie hat aus der unbestimmt allgemeinen lebensweltlichen Form Raum und Zeit mit der Mannigfaltigkeit in sie hineinzufingierender empirisch-anschaulicher Gestalten allererst eine *objektive* Welt im eigentlichen Sinne gemacht; nämlich eine unendliche Totalität von methodisch und ganz allgemein für jedermann eindeutig bestimmbaren *idealen Gegenständlichkeiten*. Sie hat damit zum ersten Male gezeigt, daß eine Unendlichkeit von subjektiv-relativen und nur in einer vagen Allgemeinvorstellung gedachten Gegenständen in einer a apriori allumfassenden Methode *objektiv bestimmbar und als an sich bestimmte wirklich zu denken sei*; genauer: als eine an sich nach allen ihren Gegenständen und nach allen Eigenschaften und Relationen derselben bestimmte, im voraus *entschiedene*. Zu denken sei – sagte ich; nämlich eben dadurch, daß sie *ex datis* in ihrem objektiv wahren An-sich-sein konstruierbar ist durch ihre nicht bloß postulierte, sondern wirklich geschaffene, apodiktisch erzeugende Methode.

Fürs *Zweite*: In Konnex mit der Meßkunst tretend und nunmehr sie leitend, hat die Mathematik – damit von der Welt der Idealitäten wieder zur empirisch anschaulichen Welt herabsteigend – gezeigt, daß man universal *an den Dingen der anschaulich-wirklichen Welt*, und zwar nach der sie als Gestaltenmathematik allein interessierenden Seite (an der alle Dinge notwendig teilhaben), eine *objektiv reale Erkenntnis* von einer völlig *neuen Art*, nämlich eine *approximativ* auf ihre eigenen Idealitäten bezogene, gewinnen kann. Alle Dinge der empirisch anschaulichen Welt haben dem Weltstil gemäß Körperlichkeit, sind *„res extensae"*, sind in veränderlichen Kollokationen erfahren, die je als Ganze betrachtet ihre Gesamtkollokation haben, in ihnen die einzelnen Körper ihre relative Örtlichkeit usw. Vermöge der reinen Mathematik und praktischen Meßkunst kann man für alles dergleichen Extensionale an der Körperwelt eine *völlig neuartige induktive Voraussicht* schaffen, nämlich man kann von jeweils gegebenen und gemessenen Gestaltvorkommnissen aus unbekannte und direkter Messung nie zugängliche in zwingender Notwendigkeit *„berechnen"*. So wird die *weltentfremdete ideale Geometrie zur „angewandten"* und so in einer gewissen Hinsicht zu einer allgemeinen Methode der Erkenntnis von Realitäten.

Aber legt nicht schon diese Art der in einer abstrakt beschränkten Weltseite zu übenden Objektivierung den Gedanken und die vermutende Frage nahe:

Muß Ähnliches nicht für die konkrete Welt überhaupt möglich sein? Ist man gar schon vermöge der Rückwendung der Renaissance zur alten Philosophie – wie Galilei – in der sicheren Überzeugung der Möglichkeit einer Philosophie, einer objektive Weltwissenschaft leistenden Episteme, und hatte es sich eben schon gezeigt, daß reine Mathematik angewandt auf Natur das Postulat der Episteme in ihrer Gestaltensphäre vollendet erfülle: mußte da für Galilei nicht auch vorgezeichnet sein die Idee einer in gleicher Weise nach *allen anderen Seiten konstruktiv bestimmbaren Natur?*

Ist das aber anders möglich, als dadurch, daß die Methode der Messung in Approximationen und konstruktiven Bestimmungen hineinreiche in *alle* realen Eigenschaften und real-kausalen Bezogenheiten der anschaulichen Welt, in alles je in Sondererfahrungen Erfahrbare? Aber wie ist dieser allgemeinen Antizipation genugzutun, und wie sollte sie zur durchführbaren Methode einer konkreten Naturerkenntnis werden können?

Die *Schwierigkeit* liegt hier darin, daß eben die die raumzeitlichen Gestaltmomente der körperlichen Welt konkret ergänzenden materiellen Füllen – die „spezifischen" Sinnesqualitäten – in ihren eigenen Gradualitäten *nicht direkt* so zu behandeln sind wie die Gestalten selbst. Gleichwohl müssen auch diese Qualitäten, muß alles, was Konkretion der sinnlich anschaulichen Welt ausmacht, als Bekundung einer „objektiven" Welt gelten. Oder vielmehr in Geltung bleiben. Denn (so ist die die Idee der neuen Physik motivierende Denkweise) durch allen Wandel subjektiver Auffassungen hindurch erstreckt sich ungebrochen die uns alle verbindende Gewißheit von der einen und selben Welt, der an sich seienden Wirklichkeit; alle Momente der erfahrenden Anschauungen bekunden etwas von ihr. Sie wird für unsere objektive Erkenntnis erreichbar, wenn diejenigen Momente, die wie die sinnlichen Qualitäten in der reinen Mathematik der raumzeitlichen Form und ihrer möglichen Sondergestalten wegabstrahiert und nicht selbst, direkt, mathematisierbar sind, es eben doch *indirekt* werden.

c) Das Problem der Mathematisierbarkeit der „Füllen"

Die Frage ist nun, was eine *indirekte Mathematisierung* meinen soll.

Überlegen wir zunächst den *tieferen Grund*, der eine *direkte Mathematisierung* (oder ein Analogon einer approximativen Konstruktion) auf Seiten der spezifisch sinnlichen Qualitäten der Körper *prinzipiell unmöglich* macht.

Auch diese Qualitäten treten in Gradualitäten auf, und in gewisser Weise gehört auch zu ihnen, gehört zu allen Gradualitäten Messung – „Schätzung" der „Größe" der Kälte und Wärme, der Rauhigkeit und Glätte, der Helligkeit und Dunkelheit usw. Aber es gibt hier keine exakte Messung, keine Steigerung der Exaktheit und der Meßmethoden. Wo wir Heutigen von Messung, von Maßgrößen, Maßmethoden, von Größen schlechthin sprechen, meinen wir in der Regel immer schon auf Idealitäten bezogene „exakte"; wie es uns auch schwer wird, die hier sehr notwendige abstraktive Isolierung der Füllen zu vollziehen: nämlich in universaler Gegenabstraktion gegen diejenige, die die universale Gestaltenwelt ergibt, sozusagen versuchsweise die körperliche Welt ausschließlich nach der „Seite" der unter dem Titel „spezifische Sinnesqualitäten" stehenden Eigenschaften zu betrachten.

Was macht die „Exaktheit"? Offenbar nichts anderes, als was wir oben bloßgelegt haben: empirische Messung in Steigerung der Genauigkeit, aber unter der Leitung einer schon im voraus durch Idealisation und Konstruktion objektivierten Welt von Idealitäten bzw. gewissen, den jeweiligen Maßskalen zuzuordnenden besonderen Idealgebilden. Und nun können wir mit einem Wort den Kontrast klarmachen. Wir haben nur *eine, nicht eine doppelte Universalform der Welt*, nur *eine* und nicht eine zwiefache *Geometrie*, nämlich eine solche der Gestalten und nicht auch eine zweite der Füllen. So geartet sind die Körper der empirisch-anschaulichen Welt gemäß der apriori ihr zugehörigen Weltstruktur, daß jeder Körper je seine Extension – abstrakt gesprochen – zu eigen hat, daß aber alle diese Extensionen Gestalten sind der einen, totalen, unendlichen Extension der Welt. *Als Welt*, als universale Konfiguration aller Körper, hat sie also *eine alle Formen umfassende Totalform*, und *diese* ist in der analysierten Weise *idealisierbar* und *durch Konstruktion beherrschbar*.

Zur Weltstruktur gehört nun allerdings auch, daß alle Körper je ihre spezifischen Sinnesqualitäten haben. Aber die *rein in diesen* fundierten qualitativen Konfigurationen sind *keine Analoga der raumzeitlichen Gestalten*, sind *nicht* eingeordnet in eine ihnen *eigene Weltform*. Die Limesgestalten dieser Qualitäten sind nicht in analogem Sinne idealisierbar, ihre Messungen („Schätzungen") nicht auf entsprechende Idealitäten einer konstruierbaren, einer schon in Idealität objektivierten Welt zu beziehen. Somit hat hier auch der Begriff der *„Approximation"* nicht einen analogen Sinn wie in der mathematisierbaren Gestaltsphäre: den einer objektivierenden Leistung.

Was nun die *„indirekte" Mathematisierung* derjenigen Weltseite, die an sich selbst keine mathematisierbare Weltform hat, anbelangt, so ist sie nur in dem Sinne denkbar, daß die an den anschaulichen Körpern erfahrbaren spezifisch sinnlichen Qualitäten (*„Füllen"*) mit den wesensmäßig ihnen zugehörigen *Gestalten* in einer ganz besonderen Weise *geregelt verschwistert sind*. Fragen wir, was durch die universale Weltform mit ihrer universalen Kausalität apriori vorbestimmt ist, befragen wir also den invarianten allgemeinen Seinsstil, welchen die anschauliche Welt in ihrem unaufhörlichen Wandel innehält, so ist einerseits vorbestimmt die *Raumzeitform*, als alle Körper hinsichtlich der Gestalt befassend und was dazu apriori (vor der Idealisierung) gehört; ferner, daß jeweils an realen Körpern *faktische Gestalten faktische Füllen und umgekehrt fordern*; daß also *diese* Art allgemeiner Kausalität besteht, die nur abstrakt, aber nicht real trennbare Momente eines Konkretum verbindet. Ferner, total genommen: Es besteht eine *universale konkrete Kausalität*. In ihr ist notwendig *antizipiert*, daß die anschauliche Welt nur als Welt *im endlos offenen Horizont* anschaulich sein kann, also auch die unendliche Mannigfaltigkeit der Sonderkausalitäten nicht selbst gegeben, sondern nur horizonthaft antizipiert sein kann. Wir sind also jedenfalls und apriori dessen gewiß, daß die totale Gestaltseite der Körperwelt nicht nur überhaupt eine durch alle Gestalten hindurchgreifende Seite der Fülle fordert, sondern daß *jede Veränderung*, ob sie *Gestalt- oder Fülle*momente betrifft, nach irgendwelchen – unmittelbaren oder mittelbaren, aber gerade sie fordernden – Kausalitäten verläuft. Soweit reicht, wie gesagt, die unbestimmt allgemeine apriorische

Antizipation.

Damit ist aber nicht gesagt, daß sich der *gesamte Wandel der Füllequalitäten* in ihren Veränderungen und Unveränderungen *derart* nach kausalen Regeln abspielt, daß diese ganze abstrakte Weltseite *einheitlich abhängig wird von dem, was sich in der Weltseite der Gestalten kausal abspielt.* Mit anderen Worten: Es ist nicht apriori einzusehen, daß jede erfahrbare, jede in wirklicher und möglicher Erfahrung erdenkliche Veränderung von spezifischen Qualitäten der anschaulichen Körper auf Vorkommnisse in der abstrakten Weltschicht der Gestalten kausal angewiesen wäre, daß sie sozusagen ihr *Gegenbild im Gestaltenreiche* hätte, derart, daß die *jeweilige Gesamtveränderung der Gesamtfülle ihr kausales Gegenbild in der Gestaltsphäre hätte.*

So hingestellt, könnte dieser Gedanke geradezu abenteuerlich erscheinen. Indessen, nehmen wir nun hinzu die altvertraute und seit Jahrtausenden (in weiten Sphären. obschon keineswegs vollständig) durchgeführte Idealisierung der Raumzeitform mit allen ihren Gestalten, auch mit den diese selbst betreffenden Veränderungen und Veränderungsgestalten. Darin war beschlossen, wie wir wissen, die Idealisierung der Meßkunst als Kunst nicht bloß zu messen, sondern als Kunst empirisch kausaler Konstruktionen (wobei selbstverständlich, wie in jeder Kunst, auch deduktive Schlüsse mithalfen). Die theoretische Einstellung und Thematisierung der reinen Idealitäten und Konstruktionen führte auf reine Geometrie (darin sei hier aber befaßt die reine Gestalten-Mathematik überhaupt); und später – in der wohl verständlich gewordenen Umkehrung – ergab sich (wie wir uns erinnern) die angewandte Geometrie: die von den Idealitäten und den mit ihnen ideal vollzogenen Konstruktionen geleitete praktische Meßkunst, also in den betreffenden beschränkten Sphären eine Objektivierung der konkret-kausalen Körperwelt. So wie wir uns alles das wieder vergegenwärtigen, verliert der vorhin angesetzte und zunächst fast absonderlich anmutende Gedanke seine Befremdlichkeit und nimmt für uns – vermöge unserer früheren wissenschaftlichen Schulerziehung – geradezu den Charakter der *Selbstverständlichkeit* an. Was wir im vorwissenschaftlichen Leben als Farben, Töne, Wärme, als Schwere an den Dingen selbst erfahren, kausal als Wärmestrahlung eines Körpers, der die umgebenden Körper warm macht und dergleichen, das zeigt natürlich „physikalisch" an: Tonschwingungen, Wärmeschwingungen, also reine Vorkommnisse der Gestaltenwelt. Diese universale Indikation wird also heute wie eine fraglose Selbstverständlichkeit behandelt. Gehen wir aber auf Galilei zurück, so konnte für ihn als Schöpfer der Konzeption, die überhaupt erst Physik möglich machte, nicht das, was durch seine Tat erst selbstverständlich wurde, schon selbstverständlich sein. Für ihn selbstverständlich war nur die reine Mathematik und die altübliche Art, Mathematik anzuwenden.

Halten wir uns nun rein an die Galileische Motivation, als wie sie für die neuartige Idee der Physik faktisch urstiftend war, so müssen wir uns die *Befremdlichkeit* klar machen, die in der damaligen Situation in seinem Grundgedanken lag, und demnach fragen, wie er auf diesen Gedanken kommen konnte: daß alles in den spezifischen Sinnesqualitäten sich als real Bekundende seinen *mathematischen Index* haben müsse in Vorkommnissen der selbstverständlich immer schon idealisiert gedachten Gestaltsphäre, und daß sich von da aus die Möglichkeit einer *indirekten* Mathematisierung auch in dem vollen Sinne ergeben müsse, nämlich daß dadurch (obschon indirekt und in besonderer induktiver Methode) es möglich sein müsse, *alle* Vorkommnisse auf Seiten der Fülle ex datis zu konstruieren und damit objektiv zu bestimmen. Die gesamte unendliche Natur als *konkretes Universum der Kausalität* – das lag in dieser befremdlichen Konzeption – wurde zu einer *eigenartig angewandten Mathematik.*

Doch zunächst beantworten wir die Frage, was an der vorgegebenen und schon in der alten beschränkten Weise mathematisierten Welt zu dem Galileischen Grundgedanken anregen konnte.

d) Motivation der Galileischen Naturkonzeption

Hier boten sich nun, freilich sehr dürftige, *Anlässe* zu mannigfaltigen, aber zusammenhangslosen Erfahrungen innerhalb der vorwissenschaftlichen Gesamterfahrung, die so etwas wie indirekte Quantifizierbarkeit gewisser sinnlicher Qualitäten und somit eine gewisse Möglichkeit, sie durch Größen und Maßzahlen zu kennzeichnen, nahelegte. Schon die alten Pythagoräer erregte die Beobachtung der funktionellen Abhängigkeit der Tonhöhe von der Länge der in Schwingungen versetzten Saite. Natürlich waren auch viele andere kausale Zusammenhänge ähnlicher Art allbekannt. Im Grunde liegen in allen konkret-anschaulichen Vorgängen der vertrauten Umwelt leicht herauszuachtende Angewiesenheiten von Fülle-Geschehnissen auf solche der Gestaltsphäre. Aber es fehlte im allgemeinen ein Motiv dafür, sich analysierend auf die Verflechtungen der kausalen Abhängigkeiten einzustellen. In ihrer vagen Unbestimmtheit konnten sie kein Interesse erregen. Anders, wo sie den Charakter einer Bestimmtheit annahmen, der sie zu bestimmender Induktion geeignet machte; und das führt uns wieder auf Messung der Füllen zurück. Nicht alles auf der Gestaltseite sichtlich sich Mitverändernde war durch die altausgebildeten Maßmethoden schon meßbar. Und zudem war von solchen Erfahrungen der Weg zur universalen Idee und Hypothese, daß alle spezifisch qualitativen Vorkommnisse als Indizes auf bestimmt zugehörige Gestaltkonstellationen und -geschehnisse verweisen, noch weit. Nicht zu weit für Menschen der Renaissance, die überall zu kühnen Verallgemeinerungen geneigt waren, und bei welchen entsprechend überschwengliche Hypothesen sofort ein empfängliches Publikum fanden. Mathematik als Reich echter objektiver Erkenntnis (und Technik unter ihrer Leitung), das war für Galilei und schon vor ihm im Brennpunkt des den „modernen" Menschen bewegenden Interesses für eine philosophische Welterkenntnis und eine rationale Praxis. Es muß Maßmethoden geben für alles, was Geometrie, was Gestaltenmathematik in ihrer Idealität und Apriorität umfaßt. Und die ganze konkrete Welt muß sich als mathematisierbar-objektive erweisen, wenn wir jenen einzelnen Erfahrungen nachgehen und alles an ihnen vorausgesetztermaßen der angewandten Geometrie zu Unterstellende wirklich messen, also die entsprechenden Maßmethoden ausbilden. Wenn wir das tun, muß sich die Seite der spezifisch qualitativen Vorkommnisse *indirekt mitmathematisieren.*

In der Auslegung der Galileischen Selbstverständlichkeit einer universalen Anwendbarkeit der reinen Mathematik ist folgendes zu beachten. In jeder Anwendung auf die anschaulich gegebene Natur muß die reine Mathematik ihre Abstraktion von der anschaulichen Fülle fahren lassen, während sie doch das Idealisierte der Gestalten (der Raumgestalten, der Dauer, der Bewegungen, der Deformationen) unberührt läßt. Damit vollzieht sich aber in einer Hinsicht eine *Mitidealisierung* der zugehörigen sinnlichen Füllen. Die extensive und intensive *Unendlichkeit*, die mit der Idealisierung der sinnlichen Erscheinungen substruiert war, über alle Vermöglichkeiten wirklicher Anschauung hinaus – die Zerstückbarkeit und Teilbarkeit *in infinitum* und so alles, was zum mathematischen Kontinuum gehört – bedeutet eine Substruktion von Unendlichkeiten für die *eo ipso* mitsubstruierten *Fülle*qualitäten. Die ganze konkrete Körperwelt wird so mit Unendlichkeiten, nicht nur der Gestalt, sondern auch der Füllen behaftet. Aber von Neuem zu beachten ist nun auch, daß damit noch nicht jene „indirekte Mathematisierbarkeit" gegeben ist, die die eigentlich Galileische Konzeption einer Physik ausmacht.

Soweit wir bisher gekommen sind, ist zunächst nur ein allgemeiner Gedanke gewonnen, präzis ausgedrückt, eine allgemeine *Hypothese*: daß eine *universale Induktivität* in der anschaulichen Welt herrsche, eine sich in jenen alltäglichen Erfahrungen ankündigende, aber eine in ihrer Unendlichkeit verborgene.

Freilich, für Galilei war sie nicht als *Hypothese* verstanden. Eine Physik war für ihn alsbald fast so gewiß wie die bisherige reine und angewandte Mathematik. Sie zeichnet ihm auch gleich den methodischen Gang der Realisierung vor (eine Realisierung, deren Gelingen in unseren Augen notwendig die Bedeutung der *Bewährung der Hypothese* hat – dieser durchaus nicht selbstverständlichen Hypothese hinsichtlich der unzugänglichen faktischen Struktur der konkreten Welt). Zunächst kam es ihm also darauf an, weiterreichende und immer mehr zu vervollkommnende *Methoden* zu gewinnen, um alle in der Idealität der reinen Mathematik als ideale Möglichkeiten vorgezeichneten Meßmethoden wirklich auszubilden, über die bisherigen faktisch ausgebildeten hinaus; also z. B. Geschwindigkeiten, Beschleunigungen zu messen. Aber auch die reine Mathematik der Gestalten selbst bedurfte einer reicheren Ausbildung in der konstruktiven Quantifizierung – was späterhin auf die analytische Geometrie hinleitete. Es galt nun durch solche Hilfsmittel die universale Kausalität, oder wie wir sagen können, die eigenartige universale Induktivität der Erfahrungswelt systematisch zu erfassen, die in der Hypothese vorausgesetzt war. Es ist zu beachten, daß mit der neuartigen, konkreten, also doppelseitigen *Idealisierung der Welt*, die in der galileischen Hypothese lag, auch gegeben war die Selbstverständlichkeit einer *universalen exakten Kausalität*, die natürlich nicht durch Induktion allererst aus der Nachweisung einzelner Kausalitäten zu gewinnen ist, sondern allen Induktionen besonderer Kausalitäten vorangeht und sie leitet – wie das schon für die konkret-allgemein anschauliche Kausalität gilt, welche die konkret-anschauliche Weltform selbst ausmacht, gegenüber den besonderen erfahrbaren Einzelkausalitäten in der Lebensumwelt.

Diese universale *idealisierte* Kausalität umgreift alle faktischen Gestalten und Füllen in ihrer idealisierten Unendlichkeit. Offenbar müssen, wenn die in der Gestaltsphäre zu vollziehenden Messungen wirklich objektive Bestimmungen leisten sollen, auch die Geschehnisse auf Seiten der Füllen methodisch in Frage kommen. Es müssen die jeweils voll konkreten Dinge und Geschehnisse, bzw. die Weisen, wie faktische Füllen und Gestalten in Kausalität stehen, in die Methode eingehen. Die Anwendung der Mathematik auf real gegebene Füllen der Gestalt macht schon vermöge der Konkretion kausale Voraussetzungen, die erst zu Bestimmtheit zu bringen sind. Wie da nun wirklich vorzugehen, wie die durchaus innerhalb der anschaulichen Welt zu leistende Arbeit methodisch zu regeln ist; wie in dieser Welt, in die die hypothetische Idealisierung noch unbekannte Unendlichkeiten hineingetragen hat, die faktisch erfaßbaren körperlichen Gegebenheiten nach *beiden* Seiten zu ihrem kausalen Rechte kommen und wie von ihnen, immerfort nach Maßmethoden, die verborgenen Unendlichkeiten zu erschließen sind; wie sich dabei in zu steigernden Approximationen in der Gestaltensphäre immer vollkommenere Indizierungen für die qualitative Fülle der idealisierten Körper ergeben; wie diese selbst als konkrete nach allen ihren ideal möglichen Geschehnissen in Approximationen bestimmbar werden: das alles ist Sache der *entdeckenden Physik* gewesen. Mit anderen Worten: es war Sache der leidenschaftlichen *Forschungspraxis*, und nicht etwa Sache einer ihr vorangehenden systematischen Besinnung auf die prinzipiellen Möglichkeiten, auf die wesensmäßigen Voraussetzungen einer mathematischen Objektivierung, die in der Tat Konkret-Reales im Geflecht universaler konkreter Kausalität soll bestimmen können.

Entdeckung, das ist eine Mischung von *Instinkt und Methode.* Man wird sich allerdings fragen müssen, ob eine solche Mischung im strengen Sinne Philosophie, Wissenschaft, ob sie im letzten Sinne und dem einzigen, der uns zu einem Welt- und Selbstverständnis dienen könnte, Welterkenntnis sein kann. Galilei ging als Entdecker geradehin darauf aus, seine Idee zu realisieren, Maßmethoden an den nächstliegenden Gegebenheiten der allgemeinen Erfahrung auszubilden; und die wirkliche Erfahrung zeigte (natürlich in einer nicht radikal aufgeklärten Methodik), was seine hypothetische Antizipation jeweils forderte; er fand wirklich kausale Zusammenhänge, die sich mathematisch aussprechen lassen in „Formeln".

In dem aktuellen messenden Tun an den anschaulichen Erfahrungsgegebenheiten sind es freilich nur empirisch-inexakte Größen und ihre Zahlen, die gewonnen werden. Aber die Meßkunst ist in sich zugleich Kunst, die „Genauigkeit" der Messung in Richtung auf eine aufsteigende Vervollkommnung immer weiter zu treiben. Sie ist eine Kunst, nicht als fertige Methode, etwas fertig zu machen, sondern *zugleich Methode, ihre Methode immer wieder zu verbessern* durch Erfindung immer neuer Kunstmittel (z. B. instrumentaler). Vermöge der Bezogenheit der Welt auf die reine Mathematik als ihr Anwendungsfeld gewinnt aber das „Immer wieder" den mathematischen Sinn des *„in infinitum"* und so jede Messung den Sinn einer Approximation auf einen zwar unerreichbaren, aber ideal-identischen Pol, nämlich auf eine bestimmte der mathematischen Idealitäten bzw. der ihnen zugehörigen Zahlgebilde.

Die ganze Methode hat von vornherein einen *allgemeinen* Sinn, wie sehr man es jeweils stets mit Individuell-Faktischem zu tun hat. Z. B. von vornherein hat man nicht den freien Fall *dieses* Körpers im Auge, sondern das individuell Faktische ist *Exempel* in der konkreten Gesamttypik der anschaulichen Natur, in deren empirisch vertrauter Invarianz vorweg mitbeschlossen; und das überträgt sich natürlich in die Galileische idealisierend-mathematisierende Einstellung. Die indirekte Mathematisierung der Welt, die sich nun als *methodische Objektivierung der anschaulichen Welt* abspielt, ergibt allgemeine *Zahlformeln*, die, einmal gefunden, anwendungsmäßig dazu dienen können, an den darunter zu subsumierenden Einzelfällen die faktische Objektivierung zu vollziehen. Offenbar drükken die Formeln allgemeine kausale Zusammenhänge aus, „Naturgesetze", Gesetze realer Abhängigkeiten in Form von „funktionalen" Abhängigkeiten von Zahlen. Ihr eigentlicher Sinn liegt also nicht in reinen Zusammenhängen von Zahlen (als ob sie Formeln in rein arithmetischem Sinne wären), sondern in dem, was die Galileische Idee einer universalen Physik mit ihrem, wie zu zeigen war, höchst komplizierten Sinngehalt als eine der wissenschaftlichen Menschheit gestellte Aufgabe vorgezeichnet hat, und was der Prozeß ihrer Erfüllung, in der gelingenden Physik ergibt, als Prozeß der Ausbildung besonderer Methoden und durch sie geprägter mathematischer Formeln und „Theorien".

e) Der Bewährungscharakter der naturwissenschaftlichen Fundamentalhypothese

Nach unserer Bemerkung – die allerdings das bloße Problem der Aufklärung der Galileischen Motivation und der aus ihr entsprungenen Idee und Aufgabe einer Physik überschreitet – ist die Galileische Idee eine *Hypothese*, und zwar von einer höchst *merkwürdigen* Art; die aktuelle Naturwissenschaft der Jahrhunderte ihrer Bewährung ist eine Bewährung entsprechend merkwürdiger Art. Merkwürdig: *denn die Hypothese bleibt trotz der Bewährung auch weiter und für immer Hypothese*; die Bewährung (die für sie einzig erdenkliche) ist ein *unendlicher Gang von Bewährungen.* Es ist das eigene Wesen der Naturwissenschaft, es ist apriori ihre Seinsweise, *ins Unendliche Hypothese und ins Unendliche Bewährung zu sein.* Dabei ist die Bewährung nicht nur so wie in allem tätigen Leben der Möglichkeit des Irrtums anheimgegeben und gelegentlich Korrekturen erfordernd. Es gibt hier in jeder Phase der naturwissenschaftlichen Entwicklung eine völlig korrekte Methodik und Theorie, in welcher „Irrtum" schon als ausgeschaltet gilt. Newton, das Ideal der exakten Naturforscher, sagt *„hypotheses non fingo"*, und darin ist auch beschlossen, daß er sich nicht verrechnet und methodische Fehler macht. Wie in allem Einzelnen, in allen Begriffen, Sätzen, Methoden, welche eine „Exaktheit", eine Idealität ausdrücken, so steckt auch in der Totalidee einer exakten Wissenschaft, und wie schon in der Idee der reinen Mathematik, so auch in der Totalidee der Physik das *„in infinitum"* als ständige Form der eigentümlichen Induktivität, welche zuerst die Geometrie in die geschichtliche Welt gebracht hat. Im unendlichen Progressus korrekter Theorien und einzelner unter dem Titel „jeweilige Naturwissenschaft einer Zeit" zusammengefaßter haben wir einen Progreß von Hypothesen, die in allem Hypothesen *und* Bewährungen sind. Im Progressus liegt aufsteigende Vervollkommnung; total genommen für die ganze Naturwissenschaft, daß sie immer mehr zu sich selbst, zu ihrem „endgültigen" wahren Sein kommt, daß sie eine immer bessere „Vorstellung" davon gibt, was „wahre Natur" ist. Aber wahre Natur liegt im Unendlichen nicht etwa so wie eine reine Gerade, sie ist auch als unendlicher ferner „Pol" eine *Unendlichkeit von Theorien* und nur denkbar als Bewährung, also bezogen auf einen *unendlichen historischen Prozeß der Approximation.* Das mag wohl das philosophische Denken beschäftigen; aber es verweist auf Fragen, die hier noch nicht zu fassen sind und nicht zu dem Kreis derjenigen gehören, welche uns jetzt zunächst beschäftigen müssen: uns gilt es ja, völlige Klarheit zu schaffen hinsichtlich der Idee und Aufgabe einer Physik, die als Galileische ursprungsmäßig die neuzeitliche Philosophie bestimmte, so wie sie in seiner Motivation aussah, auch was in diese aus traditionalen Selbstverständlichkeiten einfloß und daher *ungeklärte Sinnesvoraussetzung* blieb oder sich hinterher, in vermeinter Selbstverständlichkeit den eigentlichen Sinn verwandelnd, anschloß.

In dieser Hinsicht ist es auch nicht erforderlich, konkreter in die ersten Anfänge der Inszenierung der Galileischen Physik und der Ausbildung ihrer Methode einzugehen.

f) Das Problem des naturwissenschaftlichen „Formel"-Sinnes

Aber eines ist hier noch für unsere Aufklärung von Wichtigkeit. Die *entscheidende Leistung*, mit welcher, dem Gesamtsinn der naturwissenschaftlichen Methode gemäß, bestimmte Voraussichten über die Sphäre unmittelbar erfahrender Anschauungen und der möglichen Erfahrungserkenntnisse der vorwissenschaftlichen Lebenswelt hinaus in systematischer Ordnung ohne weiteres möglich werden, ist die *wirkliche Zuordnung* der im voraus in unbestimmter Allgemeinheit hypothetisch substruierten, aber in ihrer Bestimmtheit erst aufzuweisenden *mathematischen Idealitäten. Hat* man sie, und zwar nach ihrem Ursprungssinn, noch lebendig, so genügt eine bloße thematische Blickwendung auf diesen Sinn, um die von den Quantitäten der funktionalen Koordination (kurz gesagt: die von den Formeln) angezeigten Steigerungsreihen der (nunmehr als

Approximationen geltenden) *Anschauungen* zu erfassen, bzw. sie, den Anzeichen folgend, sich lebendig zu vergegenwärtigen. Ebenso hinsichtlich der Koordination selbst, die sich in den funktionalen Formen ausdrückt, und man kann danach *die zu erwartenden empirischen Regelmäßigkeiten der praktischen Lebenswelt entwerfen.* Mit anderen Worten: Ist man einmal bei den *Formeln*, so besitzt man damit im voraus schon die praktisch erwünschte *Voraussicht* des in empirischer Gewißheit, in der anschaulichen Welt des konkret wirklichen Lebens, in welcher das Mathematische nur eine spezielle Praxis ist, zu Erwartenden. Die für das Leben entscheidende Leistung ist also die Mathematisierung mit ihren erzielten Formeln.

Von dieser Überlegung aus versteht man, daß sich das leidenschaftliche *Interesse der Naturforscher* sogleich mit der ersten Konzeption und Ausführung der Methode auf dieses entscheidende Grundstück der bezeichneten Gesamtleistung richtete, also auf die *Formeln* und unter dem Titel „naturwissenschaftliche Methode", „Methode wahrer Naturerkenntnis" auf diese kunstmäßige Methode, *sie* zu gewinnen, sie für jedermann logisch zwingend zu begründen. Und wieder ist es verständlich, daß man dazu verführt wurde, in diesen Formeln und ihrem Formelsinn das wahre Sein der Natur selbst zu fassen.

Dieser *„Formelsinn"* bedarf jetzt, und zwar hinsichtlich der mit der kunstmäßigen Ausbildung und Übung der Methode unvermeidlich sich einstellenden *Sinnesveräußerlichung*, einer näheren Aufklärung. Die Messungen ergeben Maßzahlen und in allgemeinen Sätzen über funktionale Abhängigkeiten von Maßgrößen, anstatt der *bestimmten* Zahlen, *Zahlen im Allgemeinen*, und zwar ausgesagt in allgemeinen Sätzen, welche Gesetze funktioneller Abhängigkeiten ausdrücken. Hier ist nun die gewaltige, in gewisser Richtung segensreiche, in anderer verhängnisvolle Auswirkung der *algebraischen Bezeichnungen und Denkweisen* in Betracht zu ziehen, welche sich in der Neuzeit seit Vieta, also schon vor Galilei, verbreiten. Zunächst bedeutet das eine ungeheuere Erweiterung der Möglichkeiten des in den alten primitiven Formen überlieferten arithmetischen Denkens. Es wird nun zu einem freien systematischen, von aller anschaulichen Wirklichkeit völlig losgelösten apriorischen Denken über Zahlen überhaupt, Zahlverhältnisse, Zahlgesetze. Alsbald wird dasselbe in allen Erweiterungen, in der Geometrie, in der ganzen reinen Mathematik der raumzeitlichen Gestalten angewandt, und diese werden nun durchaus in methodischer Absicht algebraisch formalisiert. So erwächst eine *„Arithmetisierung der Geometrie"*, eine Arithmetisierung des ganzen Reiches reiner Gestalten (der idealen Geraden, Kreise, Dreiecke, Bewegungen, Lageverhältnissen usw.). Sie sind idealiter exakt als meßbar gedacht, nur daß die selbst idealen Maßeinheiten einen raumzeitlichen Größensinn haben.

Diese Arithmetisierung der Geometrie führt wie von selbst in gewisser Weise zur *Entleerung ihres Sinnes.* Die wirklich raumzeitlichen Idealitäten, so wie sie sich unter dem üblichen Titel „reine Anschauungen" im geometrischen Denken originär darstellen, verwandeln sich sozusagen in pure Zahlgestalten, in algebraische Gebilde. Man läßt im algebraischen Rechnen von selbst die geometrische Bedeutung zurücktreten, ja ganz fallen; man rechnet, sich erst am Schluß erinnernd, daß die Zahlen Größen bedeuten sollten. Man rechnet allerdings nicht wie im gewöhnlichen Zahlenrechnen „mechanisch", man denkt, man erfindet, man macht evt. große Entdeckungen – aber mit einem unvermerkt verschobenen *„symbolischen"* Sinn. Daraus wird später eine vollbewußte methodische Verschiebung, – ein methodischer Übergang z. B. von der Geometrie in die reine, als eigene Wissenschaft behandelte *Analysis* und eine Anwendung der in dieser erzielten Ergebnisse auf die Geometrie. Darauf müssen wir noch in Kürze näher eingehen.

Dieser in der theoretischen Praxis sich instinktiv-unreflektiert vollziehende Verwandlungsprozeß der Methode beginnt schon im Galileischen Zeitalter und führt in einer unaufhörlichen Bewegung der Fortbildung zu einer höchsten Stufe und zugleich Überhöhung der „Arithmetisierung": zu einer völlig universalen „Formalisierung". Dies geschieht eben durch Fortbildung und Erweiterung der algebraischen Zahlen- und Größenlehre zu einer universalen und dabei *rein formalen „Analysis", „Mannigfaltigkeitslehre"*, „Logistik" – Worte, die bald in engerer, bald in weiterer Bedeutung zu verstehen sind, da es leider bis jetzt an einer eindeutigen Bezeichnung für das fehlt, was tatsächlich und in der mathematischen Arbeit praktisch verständlich ein einheitliches mathematisches Feld ist. Leibniz hat zuerst, freilich seiner Zeit weit vorauseilend, die universale in sich geschlossene Idee eines höchsten algebraischen Denkens, einer *„mathesis universalis"*, wie er es nannte, erschaut und als Aufgabe der Zukunft erkannt, während sie erst in unserer Zeit einer systematischen Ausgestaltung mindestens nahegekommen ist. Ihrem vollen und ganzen Sinne nach ist sie nichts anderes als eine allseitig durchgeführte (bzw. in ihrer eigenwesentlichen Totalität ins Unendliche durchzuführende) *formale Logik*, eine Wissenschaft von den in einem reinen Denken, und zwar in leerformaler Allgemeinheit, konstruierbaren *Sinngestalten des „Etwas überhaupt"* und auf diesem Grunde von den nach formalen Elementargesetzen der Widerspruchslosigkeit solcher Konstruktionen systematisch als in sich widerspruchslos aufzubauenden *„Mannigfaltigkeiten"*; zuhöchst Wissenschaft vom Universum der so erdenklichen „Mannigfaltigkeiten" überhaupt. „Mannigfaltigkeiten" sind also in sich *kompossible Allheiten von Gegenständen überhaupt*, die nur in leerformaler Allgemeinheit als „gewisse" und zwar als durch bestimmte Modalitäten des Etwas überhaupt definierte gedacht sind. Unter ihnen sind die sogenannten *„definiten" Mannigfaltigkeiten* ausgezeichnet, deren Definition durch ein „vollständiges Axiomensystem" den in ihnen beschlossenen formalen Substratgegenständen in allen deduktiven Bestimmungen eine eigenartige Totalität gibt, mit der, wie man sagen kann, *die formallogische Idee einer „Welt überhaupt" konstruiert wird.* Die *„Mannigfaltigkeitslehre"* im ausgezeichneten Sinn ist die universale Wissenschaft von den *definiten* Mannigfaltigkeiten[1].

[1] Genaueres über den Begriff der definiten Mannigfaltigkeit

g) Die Sinnentleerung der mathematischen Naturwissenschaft in der „Technisierung"

Diese äußerste Erweiterung der selbst schon formalen, aber beschränkten algebraischen Arithmetik hat in ihrer Apriorität sofort in aller „konkret sachhaltigen" reinen Mathematik: der Mathematik der „reinen Anschauungen" und damit auf die mathematisierte Natur ihre Anwendung; aber auch Anwendung auf sich selbst, Anwendung auf die vorgängige algebraische Arithmetik und wieder in der Erweiterung auf alle ihr eigenen formalen Mannigfaltigkeiten; sie ist also in dieser Weise auf sich selbst zurückbezogen. Sie wird dabei, wie schon die Arithmetik, ihre Methodik kunstmäßig ausbildend, von selbst in eine Verwandlung hineingezogen, durch die sie geradezu zu einer *Kunst* wird. Nämlich zu einer bloßen Kunst, durch eine rechnerische Technik nach technischen Regeln Ergebnisse zu gewinnen, deren wirklicher Wahrheitssinn nur in einem an den Themen selbst und wirklich geübten sachlich-einsichtigen Denken zu gewinnen ist. Bloß jene Denkweisen und Evidenzen sind nun in Aktion, die einer Technik als solcher unentbehrlich sind. Man operiert mit Buchstaben, Verbindungs- und Beziehungszeichen (+, ×, = usw.) und nach *Spielregeln* ihrer Zusammenordnung, in der Tat im wesentlichen nicht anders wie im Karten- oder Schachspiel. Das *ursprüngliche* Denken, das diesem technischen Verfahren eigentlich Sinn und den regelrechten Ergebnissen Wahrheit gibt (sei es auch die der formalen *mathesis universalis* eigentümliche „formale Wahrheit"), ist hier ausgeschaltet. In dieser Art also auch ausgeschaltet in der formalen Mannigfaltigkeitslehre selbst, wie in der vorgängigen algebraischen Zahlen- und Größenlehre, dann in allen sonstigen Anwendungen des technisch Erarbeiteten, ohne Rückkehr in den eigentlichen wissenschaftlichen Sinn;

vgl. „Ideen zu einer reinen Phänomenologie und phänomenologischen Philosophie", 1913 u. ö., S. 135 ff. – Zur Idee der „mathesis universalis" cf. „Logische Untersuchungen", I, 1900, in zweiter Bearbeitung 1913 u. ö.; und vor allem „Formale und transzendentale Logik", Halle Niemeyer 1930.

darunter also auch in der Anwendung auf die Geometrie, auf die reine Mathematik der raumzeitlichen Gestalten.

An sich ist der Fortgang von sachhaltiger Mathematik zu ihrer formalen Logifizierung, und ist die Verselbständigung der erweiterten formalen Logik als reiner Analysis oder Mannigfaltigkeitslehre etwas durchaus *Rechtmäßiges*, ja Notwendiges; desgleichen die Technisierung mit dem sich zeitweise ganz Verlieren in ein bloß technisches Denken. Das alles aber kann und muß *vollbewußt* verstandene und geübte Methode sein. Das ist es aber nur, wenn dafür Sorge getragen ist, daß hierbei gefährliche *Sinnverschiebungen* vermieden bleiben, und zwar dadurch, daß die *ursprüngliche Sinngebung der Methode*, aus welcher sie den Sinn einer Leistung für die *Welt*erkenntnis hat, immerfort aktuell verfügbar bleibt; ja noch mehr, daß sie von aller *unbefragten Traditionalität* befreit wird, die schon in der ersten Erfindung der neuen Idee und Methode Momente der Unklarheit in den Sinn einströmen ließ.

Natürlich gilt, wie wir ausgeführt haben, das vorwiegende Interesse des entdeckenden Naturforschers den *Formeln*, den gewonnenen und zu gewinnenden. Je weiter die Physik in der wirklichen Mathematisierung der anschaulichen umweltlich vorgegebenen Natur gekommen ist, über je mehr mathematisch-naturwissenschaftliche Sätze sie schon verfügt, und zugleich je weiter ihr berufenes Instrument, die *„mathesis universalis“*, schon ausgebildet ist, um so größer ist der Bereich der ihr möglichen *deduktiven Schlußfolgerungen auf neue Tatsachen* der quantifizierten Natur und damit der Verweisungen auf entsprechend zu leistende Verifizierungen. Diese selbst obliegen dem *Experimentalphysiker*, wie auch die ganze Arbeit des Aufstieges von der anschaulichen Umwelt und den in ihr zu vollziehenden Experimenten und Messungen zu den idealen Polen hin. Die *mathematischen Physiker* hingegen, angesiedelt in der arithmetisierten Raum-Zeit-Sphäre, oder ineins damit in der formalisierenden *mathesis universalis*, behandeln die ihnen zugebrachten mathematisch-physikalischen Formeln so wie besondere reine Gebilde der formalen Mathesis, natürlich die in ihnen, als in Funktionalgesetzen der *faktischen* Natur auftretenden Konstanten, invariant haltend. Sie ziehen, die gesamten „schon erwiesenen oder als Hypothesen in Arbeit stehenden Naturgesetze“ mitberücksichtigend, aufgrund des ganzen ihnen verfügbaren formalen Gesetzessystems dieser Mathesis, die logischen Konsequenzen, deren Ergebnisse die Experimentalisten zu übernehmen haben. Sie leisten aber auch die Ausformung der jeweils verfügbaren logischen Möglichkeiten für neue Hypothesen, die ja mit der Gesamtheit der jeweils als gültig angenommenen verträglich sein müssen. Sie sorgen so für die Bereitstellung der nunmehr allein noch zulässigen Formen von Hypothesen als hypothetischen Möglichkeiten für die Interpretation der hinfort durch Beobachtung und Experiment empirisch festzustellenden Kausalregelungen auf die ihnen zugehörigen idealen Pole, d. i. auf exakte Gesetze hin. Aber auch die Experimentalphysiker sind ja in ihrer Arbeit beständig auf ideale Pole hin gerichtet, auf Zahlgrößen, auf allgemeine Formeln. Diese stehen also in *aller* naturwissenschaftlichen Forschung im Zentrum des Interesses. Alle Entdeckungen der alten wie neuen Physik sind Entdeckungen in der, sozusagen der Natur zugeordneten, Formelwelt.

Ihr Formelsinn liegt in Idealitäten, während die ganze mühselige Leistung auf sie hin den Charakter des bloßen Weges zum Ziele annimmt. Und hier ist der Einfluß der vorhin charakterisierten Technisierung der formal-mathematischen Denkarbeit in Betracht zu ziehen: die Verwandlung ihres erfahrenden, entdeckenden, konstruktive Theorien evt. in höchster Genialität gestaltenden Denkens in ein Denken mit verwandelten Begriffen, mit „symbolischen“ Begriffen. Damit entleert sich auch das rein geometrische Denken, sowie in dessen Anwendung auf die faktische Natur auch das naturwissenschaftliche Denken. Eine Technisierung ergreift zudem alle der Naturwissenschaft sonst eigenen Methoden. Nicht nur, daß diese hinterher sich „mechanisieren“. Zum Wesen aller Methode gehört die Tendenz, sich in eins mit der Technisierung zu veräußerlichen. So unterliegt also die Naturwissenschaft einer mehrfältigen Sinnverwandlung und Sinnüberdeckung.

Das ganze Zusammenspiel zwischen Experimentalphysik und mathematischer Physik und die ungeheuere hier immerfort wirklich geleistete Denkarbeit verläuft in einem *verwandelten Sinneshorizont*. Zwar ist man einigermaßen des Unterschiedes zwischen τέχνη und Wissenschaft bewußt, aber die Rückbesinnung auf den eigentlichen Sinn, der durch die kunstmäßige Methode für die Natur gewonnen sein soll, macht zu früh halt. Sie reicht nicht mehr soweit, um auch nur auf den Stand der aus der schöpferischen Galileischen Meditation vorgezeichneten Idee einer Mathematisierung der Natur zurückzuführen, auf das, was also für Galilei und seine Nachfolger mit dieser gewollt war und ihrer ausführenden Arbeit den Sinn gab.

h) Die Lebenswelt als vergessenes Sinnesfundament der Naturwissenschaft

Aber nun ist als höchst wichtig zu beachten eine schon bei Galilei sich vollziehende Unterschiebung der mathematisch substruierten Welt der Idealitäten für die einzig wirkliche, die wirklich wahrnehmungsmäßig gegebene, die je erfahrene und erfahrbare Welt – unsere alltägliche Lebenswelt. Diese Unterschiebung hat sich alsbald auf die Nachfolger, auf die Physiker der ganzen nachfolgenden Jahrhunderte vererbt.

Galilei war hinsichtlich der reinen Geometrie selbst Erbe. Die *ererbte Geometrie* und die ererbte Weise, „anschaulichen" Erdenkens, Erweisens, „anschaulicher" Konstruktionen war *nicht mehr ursprüngliche Geometrie*, war selbst schon in dieser „Anschaulichkeit" *sinnentleert*. In ihrer Art war auch die antike Geometrie schon τέχνη, von den Urquellen wirklich unmittelbarer Anschauung und ursprünglich anschaulichen Denkens entfernt, aus welchen Quellen die sogenannte geometrische Anschauung, d. i. die mit Idealitäten operierende, allererst ihren Sinn schöpfte. Der Geometrie der Idealitäten ging voran die praktische Feldmeßkunst, die von Idealitäten nichts wußte. Solche *vorgeometrische Leistung* war aber für die Geometrie Sinnesfundament, Fundament für die große Erfindung der

Idealisierung: darin gleich mitbefaßt die Erfindung der idealen Welt der Geometrie, bzw. der Methodik objektivierender Bestimmung der Idealitäten durch die „mathematische Existenz" schaffenden Konstruktionen. Es war ein verhängnisvolles Versäumnis, daß Galilei nicht auf die ursprünglich sinngebende Leistung zurückfragt, welche als Idealisierung an dem Urboden alles theoretischen wie praktischen Lebens – der unmittelbar anschaulichen Welt (und hier speziell an der empirisch anschaulichen Körperwelt) – betätigt, die geometrischen Idealgebilde ergibt. Des näheren hat er nicht überlegt: wie das freie Umphantasieren dieser Welt und ihrer Gestalten erst nur mögliche empirisch-anschauliche und nicht die exakten Gestalten ergibt; welche Motivation und welche neue Leistung die eigentlich erst geometrische Idealisierung erforderte. Für die *ererbte* geometrische Methode waren ja diese Leistungen *nicht mehr lebendig betätigte*, geschweige denn reflektiv als innerlich den Sinn der Exaktheit zustandebringende Methoden in das theoretische Bewußtsein erhoben. So konnte es scheinen, daß die Geometrie in einem eigenen unmittelbar evidenten apriorischen „Anschauen" und damit hantierenden Denken eine eigenständige absolute Wahrheit schaffe, die als solche – selbstverständlich – ohne weiteres anwendbar sei. Daß diese Selbstverständlichkeit ein Schein war – wie wir, im Auslegen der Galileischen Gedanken selbst mitdenkend, oben in Grundzügen merklich gemacht haben – daß auch der Sinn der Anwendung der Geometrie seine komplizierten Sinnesquellen hat, blieb für Galilei und die Folgezeit verdeckt. Gleich mit Galilei beginnt also die Unterschiebung der idealisierten Natur für die vorwissenschaftlich anschauliche Natur.

So macht denn jede gelegentliche (oder auch „philosophische") Rückbesinnung von der kunstmäßigen Arbeit auf ihren eigentlichen Sinn stets bei der idealisierten Natur halt, ohne die Besinnungen radikal durchzuführen bis zu dem letztlichen Zweck, dem die neue Naturwissenschaft mit der von ihr unabtrennbaren Geometrie, aus dem vorwissenschaftlichen Leben und seiner Umwelt hervorwachsend, von Anfang an dienen sollte, einem Zwecke, der doch in *diesem Leben* selbst liegen und auf seine Lebenswelt bezogen sein mußte. Der in dieser Welt lebende Mensch, darunter der naturforschende, konnte alle seine praktischen und theoretischen Fragen nur an *sie* stellen, theoretisch nur *sie* in ihren offen unendlichen Unbekanntheitshorizonten betreffen. Alle Gesetzeserkenntnis konnte nur Erkenntnis von gesetzlich zu fassenden Voraussichten der Verläufe wirklicher und möglicher Erfahrungsphänomene sein, welche sich ihm mit der Erweiterung der Erfahrung durch systematisch in die unbekannten Horizonte eindringende Beobachtungen und Experimente vorzeichnen und sich in der Weise von Induktionen bewähren. Aus der alltäglichen Induktion wurde so freilich die Induktion nach wissenschaftlicher Methode, aber das ändert nichts an dem wesentlichen Sinn der vorgegebenen Welt als Horizont aller sinnvollen Induktionen. Sie finden wir als Welt aller bekannten und unbekannten Realitäten. Ihr, der Welt der wirklich erfahrenden Anschauung, gehört zu die Raumzeitform mit allen dieser einzuordnenden körperlichen Gestalten, in ihr leben wir selbst gemäß unserer leiblich personalen Seinsweise. Aber hier finden wir nichts von geometrischen Idealitäten, nicht den geometrischen Raum, nicht die mathematische Zeit mit allen ihren Gestalten.

Eine wichtige, obschon so triviale Bemerkung. Aber diese Trivialität ist eben durch die exakte Wissenschaft, und schon seit der antiken Geometrie, verschüttet, eben durch jene Unterschiebung einer methodisch idealisierenden Leistung für das, was unmittelbar, als bei aller Idealisierung vorausgesetzte Wirklichkeit gegeben ist, gegeben in einer in ihrer Art unübertrefflichen Bewährung. Diese wirklich anschauliche, wirklich erfahrene und erfahrbare Welt, in der sich unser ganzes Leben praktisch abspielt, bleibt, als die sie ist, in ihrer eigenen Wesensstruktur, in ihrem *eigenen* konkreten Kausalstil ungeändert, was immer wir kunstlos oder als Kunst tun. Sie wird also auch nicht dadurch geändert, daß wir eine besondere Kunst, die geometrische und Galileische Kunst erfinden, die da Physik heißt. Was leisten wir durch sie wirklich? Eben eine ins Unendliche erweiterte *Voraussicht.* Auf Voraussicht, wir können dafür sagen, auf Induktion beruht alles Leben. In primitivster Weise induziert schon die Seinsgewißheit einer jeden schlichten Erfahrung. Die „gesehenen" Dinge sind immer schon mehr als was wir von ihnen „wirklich und eigentlich" sehen. Sehen, Wahrnehmen ist wesensmäßig ein Selbsthaben ineins mit Vor-haben, Vor-meinen. Alle Praxis mit ihren Vorhaben impliziert Induktionen, nur daß die gewöhnlichen, auch die ausdrücklich formulierten und „bewährten" induktiven Erkenntnisse (die Voraussichten) „kunstlose" sind gegenüber den kunstvollen „methodischen", in der Methode der Galileischen Physik ins Unendliche in ihrer Leistungsfähigkeit zu steigernden Induktionen.

In der geometrischen und naturwissenschaftlichen Mathematisierung messen wir so der Lebenswelt – der in unserem konkreten Weltleben uns ständig als wirklich gegebenen Welt – in der offenen Unendlichkeit möglicher Erfahrungen ein wohlpassendes *Ideenkleid* an, das der sogenannten objektivwissenschaftlichen Wahrheiten, d. i. wir konstruieren in einer (wie wir hoffen) wirklich und bis ins einzelne durchzuführenden und sich ständig bewährenden Methode zunächst bestimmte Zahlen-Indizierungen für die wirklichen und möglichen sinnlichen Füllen der konkret-anschaulichen Gestalten der Lebenswelt, und eben damit gewinnen wir Möglichkeiten einer Voraussicht der konkreten, noch nicht oder nicht mehr als wirklich gegebenen, und zwar der lebensweltlich-anschaulichen Weltgeschehnisse; einer Voraussicht, welche die Leistungen der alltäglichen Voraussicht unendlich übersteigt.

Das Ideenkleid „Mathematik und mathematische Naturwissenschaft", oder dafür das *Kleid der Symbole*, der symbolisch-mathematischen Theorien, befaßt alles, was wie den Wissenschaftlern, so den Gebildeten als die „objektiv wirkliche und wahre" Natur die Lebenswelt *vertritt*, sie *verkleidet*. Das Ideenkleid macht es, daß wir für *wahres Sein* nehmen, was eine *Methode* ist, – dazu da, um die innerhalb des lebensweltlich wirklich Erfahrenen und Erfahrbaren ursprünglich allein möglichen *rohen Voraussichten* durch *„wissenschaftliche"* im Progressus in infinitum zu verbessern: die Ideenverkleidung macht es, daß der *eigentliche Sinn der Methode, der Formeln, der „Theorien" unverständlich* blieb und bei der naiven Entstehung der Methode *niemals* verstanden wurde.

So ist auch nie das *radikale Problem* bewußt geworden, *wie* eine solche Naivität tatsächlich als lebendige historische Tatsache möglich wurde und immerfort wird, wie eine Methode, die wirklich auf ein Ziel, die systematische Lösung einer unendlichen wissenschaftlichen Aufgabe, ausgerichtet ist und dafür immerfort zweifellos Ergebnisse zeitigt, je erwachsen konnte und dann durch die Jahrhunderte hindurch immerfort nützlich zu fungieren vermag, ohne daß irgend jemand ein wirkliches Verständnis des eigentlichen Sinnes und der inneren Notwendigkeit solcher Leistungen besaß. Es fehlte also und fehlt noch fortgesetzt die wirkliche Evidenz, in welcher der Erkennend-Leistende sich selbst Rechenschaft geben kann nicht nur über das, was er Neues tut und womit er hantiert, sondern auch über alle, durch Sedimentierung bzw. Traditionalisierung verschlossenen Sinnes-Implikationen, also über die beständigen Voraussetzungen seiner Gebilde, Begriffe, Sätze, Theorien. Gleicht die Wissenschaft und ihre Methode nicht einer offenbar sehr Nützliches leistenden und darin verläßlichen Maschine, die jedermann lernen kann, richtig zu handhaben, ohne im mindesten die innere Möglichkeit und Notwendigkeit sogearteter Leistungen zu verstehen? Aber konnte die Geometrie, konnte die Wissenschaft im voraus wie eine Maschine entworfen worden sein aus einem in ähnlichem Sinne vollkommenen – wissenschaftlichen – Verständnis? Führte das nicht auf einen „regressus in infinitum"?

Schließlich: Ist es nicht ein Problem, das in eine Reihe rückt mit dem Problem der Instinkte im gewöhnlichen Sinn? Ist es nicht das *Problem der verborgenen Vernunft*, die, erst offenbar geworden, sich selbst als Vernunft weiß?

Galilei, den Entdecker – oder um seinen Vorarbeitern Gerechtigkeit angedeihen zu lassen – der vollendende Entdecker der Physik, bzw. der physikalischen Natur, ist zugleich *entdeckender* und *verdeckender Genius*. Er entdeckt die mathematische Natur, die methodische Idee, er bricht der Unendlichkeit physikalischer Entdecker und Entdekkungen die Bahn. Er entdeckt gegenüber der *universalen Kausalität der anschaulichen Welt* (als ihrer invarianten Form) das, was seither ohne weiteres das *Kausalgesetz* heißt, die „apriorische Form" der *„wahren"* (idealisierten und mathematisierten) *Welt*, das „Gesetz der exakten Gesetzlichkeit", wonach *jedes Geschehen* der „Natur" – der idealisierten – *unter exakten Gesetzen* stehen muß. Das alles ist Entdeckung-Verdeckung, und wir nehmen das bis heute als schlichte Wahrheit. Es ändert sich ja im Prinzipiellen nichts durch die angeblich philosophisch umstürzende Kritik „des klassischen Kausalgesetzes" von seiten der neuen Atomphysik. Denn bei allem Neuen verbleibt doch, wie mir scheint, das *prinzipiell Wesentliche*: die *an sich mathematische Natur*, die in Formeln gegebene, aus den Formeln erst heraus zu interpretierende.

Ich nenne Galilei natürlich *ganz im Ernste* auch weiterhin an der Spitze der größten Entdecker der Neuzeit, und ebenso bewundere ich natürlich ganz im Ernste die großen Entdecker der klassischen und nachklassischen Physik und deren nichts weniger als bloß *mechanische*, sondern in der Tat *höchst erstaunliche Denkleistung*. Diese wird durchaus nicht herabgesetzt durch die gegebene Aufklärung derselben als τέχνη und durch die *prinzipielle Kritik*, welche zeigt, daß der eigentliche, der ursprungs-echte Sinn dieser Theorien den Physikern, auch den großen und größten, *verborgen* blieb und verborgen bleiben mußte. Es handelt sich nicht um einen Sinn, der metaphysisch hineingeheimnißt, hineinspekuliert wird, sondern der in *zwingendster* Evidenz ihr *eigentlicher*, ihr allein wirklicher ist gegenüber dem *Methoden*-Sinn, der seine eigene Verständlichkeit hat im Operieren mit den *Formeln* und deren praktischer *Anwendung, der Technik*.

In welcher Weise das bisher Gesagte doch noch einseitig ist und welchen, in neue Dimension führenden Problemhorizonten es nicht genugtut, die nur eine Besinnung über diese Lebenswelt und den Menschen als ihr Subjekt erschließt, kann erst aufgewiesen werden, wenn wir in der

Aufklärung der geschichtlichen Entwicklung nach ihren innersten Triebkräften sehr viel weiter fortgeschritten sind.

i) Verhängnisvolle Mißverständnisse als Folgen der Unklarheit über den Sinn der Mathematisierung

Mit Galileis mathematisierender Umdeutung der Natur setzen sich auch über die Natur hinausreichende, verkehrte Konsequenzen fest, die von ihr aus so naheliegend waren, daß sie alle weiteren Entwicklungen der Weltbetrachtung bis zum heutigen Tage beherrschen konnten. Ich meine Galileis berühmte Lehre von der *bloßen Subjektivität der spezifisch sinnlichen Qualitäten,* die bald nachher von Hobbes konsequent gefaßt wurde als Lehre von der Subjektivität der gesamten konkreten Phänomene der sinnlich anschaulichen Natur und Welt überhaupt. Die Phänomene sind nur in den Subjekten; sie sind in ihnen nur als kausale Folgen der in der wahren Natur stattfindenden Vorgänge, die ihrerseits nur in mathematischen Eigenschaften existieren. Ist die anschauliche Welt unseres Lebens bloß subjektiv, so sind die gesamten Wahrheiten des vor- und außerwissenschaftlichen Lebens, welche sein tatsächliches Sein betreffen, entwertet. Nur insofern sind sie nicht bedeutungslos, als sie, obschon falsch, ein hinter dieser Welt möglicher Erfahrung liegendes, ein ihr transzendentes Ansich vage bekunden.

Im Anschluß daran bringen wir uns noch eine weitere Konsequenz der neuen Sinnbildung näher: eine aus ihr als „Selbstverständlichkeit" erwachsene Selbstinterpretation der Physiker, welche bis vor kurzem die allherrschende war:

Die Natur ist in ihrem „wahren Sein an sich" mathematisch. Von diesem An-sich bringt die *reine* Mathematik der Raumzeitlichkeit eine Gesetzesschicht in *apodiktischer* Evidenz, als unbedingt allgemein gültige, zur Erkenntnis: unmittelbar die axiomatischen Elementargesetze der apriorischen Konstruktionen, in unendlichen Mittelbarkeiten die übrigen Gesetze. Hinsichtlich der Raumzeitform der Natur besitzen wir eben das uns (wie es später heißt) *„eingeborene" Vermögen*, wahres Ansichsein als Sein in mathematischer Idealität (vor aller wirklichen Erfahrung) bestimmt zu erkennen. Implizite ist sie selbst uns also eingeboren.

Anders steht es mit der konkreteren universalen *Naturgesetzlichkeit*, obwohl auch sie durch und durch mathematisch ist. Sie ist „a posteriori", von den faktischen Erfahrungsgegebenheiten aus induktiv zugänglich. Vermeintlich voll verständlich stehen sich scharf unterschieden gegenüber: apriorische Mathematik der raumzeitlichen Gestalten und induktive, obschon reine Mathematik anwendende Naturwissenschaft. Oder auch: Scharf unterscheidet sich das rein mathematische Verhältnis von Grund und Folge von dem des realen Grundes und der realen Folge, also dem der Naturkausalität.

Und doch macht sich allmählich ein unbehagliches Gefühl der *Unklarheit* über das Verhältnis zwischen der *Naturmathematik* und der ihr doch zugehörigen *Mathematik der Raumzeitform*, zwischen dieser *„eingeborenen"* und *jener nicht eingeborenen* Mathematik geltend. Gegenüber der absoluten Erkenntnis, so sagt man sich, die wir dem Gott-Schöpfer zusprechen, hat die der reinen Mathematik nur den einen Mangel, daß sie zwar immerfort eine absolut evidente ist, aber des systematischen Prozesses bedarf, um alles in der Raumzeitform an Gestalten „Existierende" erkenntnismäßig, also als explizite Mathematik zu realisieren. Dagegen haben wir hinsichtlich des in der Natur konkret Existierenden nichts von der apriorischen Evidenz; die gesamte Naturmathematik über die raumzeitliche Form hinaus müssen wir von Erfahrungstatsachen aus induzieren. Aber ist nicht die Natur an sich durchaus mathematisch, muß nicht auch sie als einheitliches mathematisches System gedacht werden, also wirklich darstellbar sein in einer einheitlichen Naturmathematik: eben jener, die die Naturwissenschaft immer nur sucht, sucht als umgriffen von einem der Form nach „axiomatischen" Gesetzessystem, dessen Axiomatik immer nur Hypothese ist, also nie wirklich erreichbar? Warum eigentlich nicht, warum haben wir keine Aussicht, das der Natur eigene Axiomensystem als ein solches echter apodiktisch evidenter Axiome zu entdecken? Weil uns hier faktisch das eingeborene Vermögen fehlt?

In der veräußerlichten, mehr oder minder schon technisierten Sinngestalt der Physik und ihrer Methode lag der fragliche Unterschied „ganz klar" vor: der Unterschied zwischen „reiner" (apriorischer) und „angewandter" Mathematik, zwischen „mathematischer Existenz" (im Sinne der reinen Mathematik) und Existenz von mathematisch gestaltetem Realem (woran also mathematische Gestalt eine real-eigenschaftliche Komponente ist). Und doch ringt selbst ein so überragender Genius wie Leibniz lange mit dem Problem, die eine und andere Existenz – also universal die Existenz der Raumzeitform als rein geometrischer, und die Existenz der universalen mathematischen Natur mit ihrer faktisch-realen Form – in ihrem echten Sinne zu fassen und beider rechtes Verhältnis zueinander zu verstehen.

Welche Rolle diese Unklarheiten für die *Kantische* Problematik der synthetischen Urteile apriori und für seine Scheidung zwischen den synthetischen Urteilen der reinen Mathematik und denen der Naturwissenschaft spielte, das wird uns später ausführlich beschäftigen müssen.

Die Unklarheit verstärkte und verwandelte sich späterhin noch mit der Ausbildung und ständigen methodischen Anwendung der reinen formalen Mathematik. Es vermischte sich „Raum" und rein *formal* definierte „Euklidische Mannigfaltigkeit", *wirkliches Axiom* (nämlich im altüblichen Sinne des Wortes) als in der Evidenz des rein geometrischen Denkens oder auch des arithmetischen, rein logischen Denkens erfaßte ideale Norm unbedingter Gültigkeit, und *uneigentliches „Axiom"* – ein Wort, das in der Mannigfaltigkeitslehre überhaupt nicht Urteile („Sätze") bezeichnet, sondern Satzformen als Bestandstücke der Definition einer mit innerer Widerspruchslosigkeit formal zu konstruierenden „Mannigfaltigkeit".

k) Grundsätzliche Bedeutung des Ursprungsproblems der mathematischen Naturwissenschaft

Auch diese wie alle früher aufgewiesenen Unklarheiten sind Folgen der *Verwandlung ursprünglich lebendiger Sinnbildung* bzw. des ursprünglich lebendigen Aufgabenbewußtseins, aus dem Methode wird, und in ihrem jeweiligen besonderen Sinne wird. So ist die gewordene Methode, die fortschreitende Erfüllung der Aufgabe, als Methode Kunst (τέχνη), die sich vererbt, aber damit nicht ohne weiteres ihren wirklichen Sinn vererbt. Und eben darum kann eine theoretische Aufgabe und Leistung wie die einer Naturwissenschaft (und Weltwissenschaft überhaupt), welche die Unendlichkeit ihrer Thematik nur durch Unendlichkeiten der Methode beherrschen und diese Unendlichkeiten auch nur durch ein sinnentleertes technisches Denken und Tun beherrschen kann, wirklich und ursprünglich sinnhaft nur sein bzw. bleiben, *wenn* der Wissenschaftler in sich die Fähigkeit ausgebildet hat, nach dem *Ursprungssinn* aller seiner Sinngebilde und Methoden *zurückzufragen*: nach dem *historischen Urstiftungssinn*, vornehmlich nach dem Sinn aller darin unbesehen übernommenen und desgleichen aller späteren *Sinneserbschaften*.

Aber der Mathematiker, der Naturwissenschaftler, günstigenfalls ein höchst genialer Techniker der Methode – der er die Entdeckungen verdankt, die er allein sucht – ist eben normalerweise durchaus nicht befähigt, solche Besinnungen durchzuführen. In seiner wirklichen Forschungs- und Entdeckungssphäre weiß er gar nicht, daß all das, was diese Besinnungen zu klären haben, überhaupt *klärungsbedürftig* ist, und zwar um des höchsten für eine Philosophie, für eine Wissenschaft maßgeblichen Interesses willen, des der wirklichen Erkenntnis *der Welt selbst*, der *Natur selbst*. Und gerade das ist durch eine traditionell gegebene, zur τέχνη gewordene Wissenschaft verloren gegangen, soweit es überhaupt bei ihrer Urstiftung bestimmend war. Jeder von einem außermathematischen, außernaturwissenschaftlichen Forscherkreis herkommende Versuch, ihn zu solchen Besinnungen anzuleiten, wird als „Metaphysik" abgelehnt.

Der Fachmann, der diesen Wissenschaften sein Leben gewidmet hat, müsse doch – das scheint ihm so einleuchtend – selbst am besten wissen, was er in seiner Arbeit vorhat und leistet. Die aus historischen Motiven, welche noch zu erhellen sein werden, auch in diesen Forschern erweckten philosophischen Bedürfnisse („philosophisch-mathematische", „philosophisch-naturwissenschaftliche") werden in ihnen genügender Weise von ihnen selbst erfüllt, allerdings so, daß die ganze Dimension, in welche es hineinzufragen gilt, überhaupt nicht gesehen, also gar nicht befragt wird.

l) Methodische Charakteristik unserer Auslegung

Zum Schlusse sei hier noch ein Wort über die *Methode* gesagt, die wir in den vielverschlungenen Überlegungen dieses Paragraphen befolgt haben, und zwar im Dienste unserer Gesamtabsicht. Die geschichtlichen Besinnungen, in die wir uns einließen, um zu einem in unserer philosophischen Situation so sehr nötigen Selbstverständnis zu kommen, erforderten Klarheit über den *Ursprung des neuzeitlichen Geistes* und damit – vermöge der nicht hoch genug zu bewertenden Bedeutung der Mathematik und mathematischen Naturwissenschaft – über den Ursprung dieser Wissenschaften. Dasselbe besagt: Klarheit über die Ursprungsmotivation und Gedankenbewegung, welche zur Konzeption ihrer Naturidee führt und von da aus zu der Bewegung ihrer Realisierung in der aktuellen Entwicklung der Naturwissenschaft selbst. Bei Galilei tritt die fragliche Idee sozusagen zum ersten Male als fertige auf; so habe ich an seinen Namen alle Betrachtungen (also die Sachlage in gewisser Weise idealisierend-vereinfachend) angeknüpft, obwohl eine genauere historische Analyse dem, was er in seinen Gedanken den „Vorläufern" verdankt, genugzutun hätte. (Ähnlich werde ich übrigens und mit guten Gründen weiter verfahren.) Hinsichtlich der Situation, die er vorfand und wie sie ihn motivieren mußte und nach seinen bekannten Aussprüchen motiviert hat, läßt sich einiges wohl rasch feststellen und so der Anfang der ganzen Sinngebung für die Naturwissenschaft verstehen. Aber schon dabei stoßen wir auf die Sinnverschiebungen und Verdeckungen der späteren und spätesten Zeiten. Denn wir, die die Besinnungen Vollziehenden, stehen selbst in deren *Bann* (und, wie ich das voraussetzen darf, auch meine Leser). In ihnen befangen haben wir zunächst keine Ahnung von diesen Sinnverschiebungen: wir, die wir doch alle so gut zu wissen meinen, was Mathematik und Naturwissenschaft „sind“ und leisten. Denn wer weiß das heutzutage von der Schule her nicht? Aber schon die erste Erhellung des Ursprungssinnes der neuen Naturwissenschaft und ihres neuartigen methodischen Stils macht etwas von den späteren Sinnverschiebungen fühlbar. Und offenbar beeinflussen, zum mindesten erschweren sie auch schon die Motivationsanalyse.

Wir stehen also in einer Art *Zirkel.* Das Verständnis der Anfänge ist voll nur zu gewinnen von der gegebenen Wissenschaft in ihrer heutigen Gestalt aus, in der Rückschau auf ihre Entwicklung. Aber ohne ein Verständnis der *Anfänge* ist diese Entwicklung als *Sinnesentwicklung* stumm. Es bleibt uns nichts anderes übrig: wir müssen *im „Zickzack“* vor- und zurückgehen; im Wechselspiel muß eins dem andern helfen. Relative Klärung auf der einen Seite bringt einige Erhellung auf der anderen, die nun ihrerseits auf die Gegenseite zurückstrahlt. So müssen wir in der Art von Geschichtsbetrachtung und Geschichtskritik, die im Ausgang von Galilei (und gleich nachher von Descartes) der Zeitfolge entlang gehen muß, doch beständig *historische Sprünge* machen, die also nicht Abschweifungen, sondern Notwendigkeiten sind. Notwendigkeiten, wenn wir, wie gesagt, diejenige Aufgabe der Selbstbesinnung auf uns nehmen, welche aus der „Zusammenbruchs“-Situation unserer Zeit, mit ihrem „Zusammenbruch der Wissenschaft“ selbst, erwachsen ist. An erster Stelle betrifft diese Aufgabe aber die Besinnung auf den Ursprungssinn der neuen Wissenschaften und allen voran der exakten Naturwissenschaft, da sie, wie wir weiter zu verfolgen haben, von Anfang an und weiterhin in all ihren Sinnverschiebungen und abwegigen Selbstinterpretationen von entscheidender Bedeutung für Werden und Sein der neuzeitlichen positiven Wissenschaften, desgleichen der neuzeitlichen Philosophie – ja des Geistes des neuzeitlichen europäischen Menschentums überhaupt, gewesen ist und noch ist.

Zur Methode gehört auch dies: Den Lesern, besonders den naturwissenschaftlichen, wird es empfindlich geworden sein und fast wie ein Dilettantismus erscheinen, daß von der naturwissenschaftlichen Sprechweise keinerlei Gebrauch gemacht worden ist. Sie ist bewußt vermieden worden. Es gehört selbst zu den großen Schwierigkeiten einer Denkweise, die überall die „ursprüngliche Anschauung" zur Geltung zu bringen sucht, also die vor- und außerwissenschaftliche Lebenswelt, welche alles aktuelle Leben, auch das wissenschaftliche Denkleben in sich faßt und als Quelle der kunstvollen Sinnbildungen nährt, – es gehört, sage ich, zu diesen Schwierigkeiten, die naive Sprechweise des Lebens wählen zu müssen, sie aber auch angemessen zu handhaben, wie es für die Evidenz der Nachweisungen erforderlich ist.

Daß der rechte Rückgang zur Naivität des Lebens, aber in einer über sie sich erhebenden Reflexion, der einzig mögliche Weg ist, um die in der „Wissenschaftlichkeit" der traditionellen objektivistischen Philosophie liegende philosophische Naivität zu überwinden, wird sich allmählich und schließlich vollkommen erhellen und wird der schon wiederholt vorgedeuteten neuen Dimension die Tore eröffnen.

Beizufügen ist hier noch, daß sinngemäß alle unsere Ausführungen nur in der Relativität der Stelle für das Verständnis hilfreich sein sollen, und daß unsere Äußerung sich regender Bedenken in den beigegebenen Kritiken (die wir als die Gegenwärtigen, die jetzt die Besinnung Durchführenden nicht verschweigen), ihre methodische Funktion darin hat, daß sie Gedanken und Methoden vorbereiten soll, die allmählich in uns als Besinnungsergebnisse zur Gestalt werden und zu unserer Befreiung dienen sollen. Alle Besinnung aus „existenziellen" Gründen ist natürlich *kritisch.* Wir werden es aber nicht versäumen, später auch den prinzipiellen Sinn des Ganges unserer Besinnung und der besonderen Art unserer Kritik zu reflektiver Erkenntnisgestaltung zu bringen.

§ 10 *Der Ursprung des Dualismus in der herrschenden Vorbildlichkeit der Naturwissenschaft. Die Rationalität der Welt „more geometrico“*

Ein Grundstück zu der neuartigen Naturbetrachtung ist noch hervorzuheben. Galilei in seiner Blickrichtung auf die Welt von der Geometrie her und von dem her, was sinnlich erscheint und mathematisierbar ist, *abstrahiert* von den Subjekten als Personen eines personellen Lebens, von allem in jedem Sinne Geistigen, von allen in der menschlichen Praxis den Dingen zuwachsenden Kultureigenschaften. In dieser Abstraktion resultieren die puren körperlichen Dinge, die aber wie konkrete Realitäten genommen und in ihrer Totalität als eine Welt thematisch werden. Man kann wohl sagen, daß erst durch Galilei die Idee einer Natur als einer in sich *real abgeschlossenen Körperwelt* an den Tag tritt. Ineins mit der zu schnell zur Selbstverständlichkeit gewordenen Mathematisierung ergibt das als Konsequenz eine in sich geschlossene Naturkausalität, in der alles Geschehen eindeutig und im voraus determiniert ist. Offenbar ist damit auch der *Dualismus* vorbereitet, der alsbald bei Descartes auftritt.

Überhaupt müssen wir uns jetzt klarmachen, daß die Auffassung der neuen Idee „Natur“ als einer abgekapselten, einer real und theoretisch in sich geschlossenen Körperwelt, alsbald eine völlige Verwandlung der Idee der Welt überhaupt mit sich führt. Sie zerspaltet sich sozusagen in zwei Welten: Natur und seelische Welt, von der die letztere es freilich durch die Art ihrer Bezogenheit auf die Natur zu keiner selbständigen Weltlichkeit bringt. Die Alten hatten einzelne Untersuchungen und Theorien über Körper, aber keine geschlossene Körperwelt als Thema einer universalen Naturwissenschaft. Sie hatten auch Untersuchungen über die menschliche und tierische Seele, aber eine Psychologie neuzeitlichen Sinnes konnten sie nicht haben – eine Psychologie, die doch erst dadurch, daß sie eine universale Natur und Naturwissenschaft vor sich hatte, eine entsprechende Universalität anstreben konnte, nämlich auf einem ihr zugehörigen, ebenfalls in sich geschlossenen Felde.

Die Zerspaltung und Sinnesverwandlung der Welt war die begreifliche Folge der zu Anfang der Neuzeit in der Tat ganz unvermeidlichen *Vorbildlichkeit der naturwissenschaftlichen Methode* oder, anders gesagt, der naturwissenschaftlichen Rationalität. In der Mathematisierung der Natur, so wie man sie als Idee und Aufgabe verstand, lag, daß die Koexistenz der unendlichen Allheit ihrer Körper in der Raumzeitlichkeit als eine, an sich betrachtet, mathematisch rationale supponiert war; nur daß die Naturwissenschaft als induktive eben nur induktive Zugänge zu den an sich mathematischen Zusammenhängen haben konnte. Jedenfalls hatte sie als eine Mathematisches induzierende und von der reinen Mathematik geleitete Wissenschaft selbst schon die höchste Rationalität. Mußte diese nicht zum Vorbild aller echten Erkenntnis werden, mußte, wenn für sie über die Natur hinaus echte Wissenschaft zustande kommen sollte, diese nicht dem Vorbild der Naturwissenschaft folgen, bzw. noch besser: dem der reinen Mathematik, wofern uns vielleicht noch in anderen Erkenntnissphären das Vermögen apodiktischer Evidenz in Axiomen und Deduktionen „eingeboren" sein sollte. Kein Wunder, daß wir schon bei Descartes die Idee einer Universalmathematik finden. Natürlich wirkte in dieser Hinsicht mit das Schwergewicht der sofort mit Galilei einsetzenden theoretischen und praktischen Erfolge. Demnach bekommt korrelativ Welt und Philosophie ein völlig neues Gesicht. Die Welt muß an sich eine rationale Welt sein, im neuen Sinne der Rationalität, welcher an der Mathematik, bzw. der mathematisierten Natur abgenommen worden war, und dementsprechend muß die Philosophie, die universale Wissenschaft von der Welt, aufzubauen sein als einheitlich rationale Theorie *„more geometrico"*.

§ 11 *Der Dualismus als Grund für die Unfaßbarkeit der Vernunftprobleme, als Voraussetzung der Spezialisierung der Wissenschaften, als Grundlage der naturalistischen Psychologie*

Allerdings wenn, wie das – in der gegebenen historischen Situation – als selbstverständlich gilt, die naturwissenschaftlich rationale Natur eine an sich seiende Körperwelt ist, so mußte die Welt an-sich eine in einem früher unbekannten Sinn eigentümlich *gespaltene* Welt sein, gespalten in Natur an-sich und in eine davon unterschiedene Seinsart: das psychisch Seiende. Das mußte zunächst und schon mit Rücksicht auf die von der Religion her geltende und keineswegs preisgegebene Idee Gottes bedenkliche Schwierigkeiten hereinbringen. War Gott nicht unentbehrlich als Prinzip der Rationalität? Setzt nicht rationales Sein, und zunächst schon als Natur, um überhaupt denkbar zu sein, rationale Theorie und eine sie leistende Subjektivität voraus; setzt also die Natur und überhaupt die Welt an-sich nicht Gott als die absolut seiende Vernunft voraus? Ist da nicht das *psychische Sein* als eine rein für sich seiende Subjektivität im An-sich-sein bevorzugt? Ob göttliche oder menschliche, es ist doch Subjektivität.

Die Abscheidung des Psychischen machte überhaupt, wo Vernunftprobleme empfindlich wurden, in steigendem Maße Schwierigkeiten. Freilich erst später werden sie so drängend, daß sie in großen Untersuchungen über den menschlichen Verstand, in „Kritiken der Vernunft" zum zentralen Thema der Philosophie werden. Aber die Kraft der rationalistischen Motive war noch ungebrochen, und überall ging man voll Vertrauen an die allseitige Durchführung einer rationalistischen Philosophie. Nicht ganz ohne Erfolg an zweifellos wertvollen Erkenntnissen, die auch, wenn sie „noch nicht" dem Ideal entsprachen, eben als Unterstufen interpretiert werden konnten. Eo ipso war nun jede Etablierung einer Sonderwissenschaft von der Idee einer ihr entsprechenden rationalen Theorie, bzw. eines an sich *rationalen Gebietes* geleitet. Die Spezialisierung der Philosophie in Fachwissenschaften hat demnach einen tieferen und ausschließlich auf die neuzeitliche Einstellung bezogenen Sinn. Spezialisierungen antiker Forscher konnten keine Fachwissenschaften in unserem Sinne ergeben. Galileis Naturwissenschaft entsprang nicht durch eine Spezialisierung. Anderseits erst die nachkommenden neuen Wissenschaften spezialisierten die durch die neue Naturwissenschaft motivierte Idee einer rationalen Philosophie und hatten von ihr her ihren Schwung des Fortschrittes und der Eroberung neuer Gebiete: rational geschlossener Sonderregionen innerhalb der rationalen Totalität des Universums.

Natürlich tritt gleich anfangs, sowie durch Descartes die Idee der rationalen Philosophie und die Scheidung von Natur und Geist proklamiert war, als das Erstgeforderte eine neue Psychologie auf, schon mit Descartes' Zeitgenossen Hobbes. Sie war sogleich, wie wir es schon angezeigt haben, eine Psychologie von einem der Vorzeit völlig fremden Stil, konkret entworfen als eine psychophysische Anthropologie in rationalistischem Geiste.

Man darf sich nicht von der üblichen Kontrastierung von Empirismus und Rationalismus mißleiten lassen. Der Naturalismus eines Hobbes will Physikalismus sein und hat wie aller Physikalismus eben das Vorbild der physikalischen Rationalität.[1]

Das gilt auch von den übrigen Wissenschaften der Neuzeit, den biologischen usw. Die dualistische Spaltung, die Folge der physikalischen Naturkonzeption, bewirkt in ihnen die Ausbildung in Form von gespaltenen Disziplinen. Die zunächst einseitig rein auf das Körperliche sich einstellenden, also biophysischen Wissenschaften sind zwar genötigt, vorerst deskriptiv die Konkretionen zu fassen,

[1] Wenn ich hier und öfters den Ausdruck „Physikalismus" gebrauche, so geschieht es ausschließlich in dem allgemeinen, aus dem Gang unserer Untersuchungen selbst verständlichen Sinn, nämlich für philosophische Verirrungen, welche aus Mißdeutungen des wahren Sinnes der neuzeitlichen Physik entspringen. Das Wort weist also hier nicht speziell auf die „physikalistische Bewegung(„Wiener Kreis", „logisierender Empirismus").

sie anschaulich zu zergliedern und zu klassifizieren; aber die physikalistische Ansicht von der Natur machte es selbstverständlich, daß eine weiter durchgeführte Physik schließlich alle diese Konkretionen physikalisch-rational „erklären" werde. So gilt die Blüte der biophysisch-deskriptiven Wissenschaften, zumal vermöge der gelegentlichen Verwertung von physikalischen Erkenntnissen, als Erfolg der naturwissenschaftlichen, immerfort physikalisch interpretierten Methode.

Was andererseits das Seelische anlangt, das nach Ausschaltung des in die regional geschlossene Natur hineingehörigen animalischen und zunächst menschlichen Körpers übrig bleibt, so wirkt sich die Vorbildlichkeit der physikalischen Naturauffassung und der naturwissenschaftlichen Methode – schon seit Hobbes – in begreiflicher Weise dahin aus, daß der Seele eine prinzipiell ähnliche Seinsart zugewiesen wird wie der Natur und der Psychologie, ein ähnliches theoretisches Aufsteigen von Deskription zu letzter theoretischer „Erklärung" wie der Biophysik. Das aber unerachtet der Cartesianischen Lehre von den durch grundverschiedene Attribute geschiedenen körperlichen und seelischen „Substanzen". Diese *Naturalisierung des Psychischen* vermittelt sich über John Locke der gesamten Neuzeit bis zum heutigen Tage. Bezeichnend ist Lockes bildliche Rede vom *white paper*, der *tabula rasa*, auf der die seelischen Daten kommen und gehen, irgendwie geregelt, so wie in der Natur die körperlichen Vorgänge. Konsequent ausgebildet, bzw. zu Ende gedacht als positivistischer Sensualismus, ist dieser neuartige, physikalistisch orientierte Naturalismus bei Locke noch nicht. Aber rasch wirkt er sich, und in einer für die geschichtlichen Entwicklungen der gesamten Philosophie schicksalsvollen Weise aus. Jedenfalls aber war die neue naturalistische *Psychologie* von Beginn an nicht ein leeres Versprechen, sondern sie tritt in großen Schriften eindrucksvoll und mit dem Anspruch der dauernden Begründung einer universalen Wissenschaft auf den Plan.

Alle neuen Wissenschaften scheinen, vom gleichen Geiste getragen, zu gelingen, zuoberst auch die Metaphysik. Wo der physikalistische Rationalismus nicht ernstlich durchführbar war, wie eben in der Metaphysik, da half man sich mit unklaren Abschwächungen, unter Verwertung von Abwandlungen scholastischer Begriffe. Zumeist war ja auch der leitende Sinn der neuen Rationalität nicht präzis ausgedacht, so sehr er der Motor der Bewegungen war. Seine präzisierende Explikation war selbst ein Teil der philosophischen Denkbarkeit bis zu Leibniz und Christian Wolff hin. Wie der neue naturalistische Rationalismus eine systematische Philosophie – eine Metaphysik, eine Wissenschaft von den höchsten und letzten Fragen, den Vernunftfragen, aber auch in eins damit den Tatsachenfragen – glaubte *„ordine geometrico"* schaffen zu können, dafür haben wir ein klassisches Exempel an Spinozas *„Ethica"*.

Man muß allerdings Spinoza in seinem historischen Sinne recht verstehen. Es ist ein völliges Mißverständnis, wenn man Spinoza nach dem oberflächlich Sichtlichen seiner „geometrischen" Demonstrationsmethode interpretiert. Anfangend als Cartesianer, ist er zunächst natürlich ganz erfüllt von der Überzeugung, daß nicht nur die Natur, sondern die Totalität des Seins überhaupt ein einheitliches rationales System sein müsse. Das war im voraus selbstverständlich. In dem Totalsystem muß das mathematische System der Natur enthalten sein – als Teil eines Systems kann dieses aber nicht selbständig sein. Man kann also die Physik nicht, als wäre sie ein wirklich volles System, den Physikern überlassen und nun anderseits für das psychologische Gegenglied des Dualismus die Ausbildung eines diesem eigenen rationalen Systems psychologischen Fachmännern anheimgeben. In die Einheit des rationalen Totalsystems mußte doch auch als theoretisches Thema Gott, die absolute Substanz, hineingehören. Spinoza steht vor der Aufgabe, das postulierte rationale Totalsystem des Seienden und zunächst die Bedingungen seiner einheitlichen Denkbarkeit zu entdecken und dann es selbst durch wirkliche Konstruktion systematisch zu realisieren. So erst, durch die Tat, ist die wirkliche Denkbarkeit eines rationalen Seinsalls erwiesen. Sie ist eben vorher, trotz der Evidenz, die bei dieser Einstellung in der Vorbildlichkeit der Naturwissenschaft lag, nur ein Postulat, dessen Denkmöglichkeit ja für den Dualismus grundverschiedener „Substanzen", mit der einen absoluten und eigentlichsten Substanz über sich, durchaus nicht klar lag. Natürlich handelte es sich für Spinoza nur um das systematisch Allgemeine – seine „Ethica" ist die *erste universale Ontologie.* Durch sie, meinte er, sei für die aktuelle Naturwissenschaft und für die als Parallele zu ihr ähnlich aufzubauende Psychologie ihr wirklicher Systemsinn zu gewinnen, ohne den beide mit Unverständlichkeit behaftet blieben.

§ 12 *Gesamtcharakteristik des neuzeitlichen physikalistischen Rationalismus*

Philosophie in ihrem antiken Ursprung wollte „Wissenschaft" sein, universale Erkenntnis vom Universum des Seienden, nicht vage und relative Alltagserkenntnis – Doxa – sondern rationale Erkenntnis: ἐπιστήμη. Aber die wahre Idee der Rationalität und im Zusammenhang damit die wahre Idee der universalen Wissenschaft erreicht die alte Philosophie noch nicht – so war die Überzeugung der Begründer der Neuzeit. Das neue Ideal war erst nach dem Vorbild der neugestalteten Mathematik und Naturwissenschaft möglich. Es erwies seine Möglichkeit im begeisternden Tempo der Verwirklichung. Was ist nun die universale Wissenschaft der neuen Idee anderes – ideal vollendet gedacht – als *Allwissenheit*? Dies ist also für die Philosophen wirklich ein, obschon im Unendlichen liegendes, so doch realisierbares Ziel – nicht für den einzelnen und für die zeitweilige Forschergemeinschaft, aber wohl im unendlichen Progreß der Generationen und ihrer systematischen Forschungen. An sich ist die Welt, so meint man apodiktisch einzusehen, eine rationale systematische Einheit, in welcher alle Einzelheiten bis ins letzte rational determiniert sein müssen. Ihre Systemform (ihre universale Wesensstruktur) ist zu gewinnen, ja im voraus für uns bereit und bekannt, sofern sie jedenfalls eine rein mathematische ist. Es gilt, sie nur in ihrer Besonderheit zu determinieren, was leider nur auf induktivem Wege möglich ist. Das ist der – freilich unendliche – Weg zur Allwissenheit. Man lebt also in der beglückenden Gewißheit eines von den Nähen in die Fernen, vom mehr oder minder Bekannten zum Unbekannten fortlaufenden Weges, als einer unfehlbaren Methode der Erkenntniserweiterung, in welcher vom All des Seienden wirklich alles in seinem vollen „An-sich-sein" erkannt werden müßte – im unendlichen Progressus. Dazu gehört aber beständig auch ein anderer Progressus: derjenige der Approximation des in der Lebensumwelt sinnlich-anschaulich Gegebenen an das mathematisch Ideale, nämlich in der Vervollkommnung der immer nur angenäherten „Subsumtion" der empirischen Daten unter die ihnen zugehörigen Idealbegriffe, die hierfür auszubildende Methodik, die Verfeinerung der Messungen, die Steigerung der Leistungsfähigkeit ihrer Instrumente usw.

Mit der fortwachsenden und immer vollkommeneren Erkenntnismacht über das All erringt der Mensch auch eine immer vollkommenere Herrschaft über seine praktische Umwelt, eine sich im unendlichen Progressus erweiternde. Darin beschlossen ist auch die Herrschaft über die zur realen Umwelt gehörige Menschheit, also auch über sich selbst und die Mitmenschheit, eine immer größere Macht über sein Schicksal, und so eine immer vollere – die für den Menschen überhaupt rational denkbare – „Glückseligkeit". Denn auch hinsichtlich der Werte und Güter kann er das an sich Wahre erkennen. Das alles liegt im Horizont dieses Rationalismus als seine für ihn selbstverständliche Konsequenz. Der Mensch ist so wirklich Ebenbild Gottes. In einem analogen Sinne, wie die Mathematik von unendlich fernen Punkten, Geraden usw. spricht, kann man hier im Gleichnis sagen: Gott ist der *„unendlich ferne Mensch"*. Der Philosoph hat eben, korrelativ mit der Mathematisierung der Welt und Philosophie, sich selbst und zugleich Gott in gewisser Weise mathematisch idealisiert.

Zweifellos bedeutet das neue Ideal der Universalität und Rationalität der Erkenntnis einen gewaltigen Fortschritt dort, wo seine Heimatstätte war: in der Mathematik und Physik. Natürlich vorausgesetzt, daß es gemäß unseren früheren Analysen zu einem rechten Selbstverständnis gebracht wird und von allen Sinnverwandlungen befreit bleibt. Gibt es in der Weltgeschichte einen würdigeren Gegenstand des philosophischen Staunens als die Entdekkung unendlicher Wahrheits-Allheiten, als im unendlichen Progreß rein (als reine Mathematik) oder in Approximationen (als induktive Naturwissenschaft) realisierbarer; und ist, was da wirklich als Werkleistung wurde und fortwuchs, nicht fast ein Wunder? Ein Wunder ist die rein theoretisch-technische Leistung, wenn sie auch in Sinnverwandlung für die Wissenschaft selbst genommen wird. Anders steht es mit der Frage, *wieweit* die Vorbildlichkeit dieser Wissenschaften gespannt werden durfte, und ob dann nicht die philosophischen Besinnungen überhaupt unzureichend waren, denen die neue Welt- und Weltwissenschaftskonzeption verdankt wurde.

Wie wenig das schon hinsichtlich der Natur der Fall war, zeigte sich daran (obschon erst in der neuesten Zeit), daß die Selbstverständlichkeit, alle Naturwissenschaft sei letztlich Physik – die biologischen wie alle konkreten Naturwissenschaften, müßten sich im Fortschritt der Forschungen immer mehr in Physik auflösen –, erschüttert wurde und so sehr, daß diese Wissenschaften zu methodischen Reformen sich genötigt sahen. Freilich geschah das nicht aufgrund einer prinzipiellen *Revision* der die neuzeitliche Naturwissenschaft urstiftenden und durch die Methodisierung sich entleerenden Gedanken.

§ 13 *Die ersten Schwierigkeiten des physikalistischen Naturalismus in der Psychologie: die Unfaßbarkeit der leistenden Subjektivität*

Doch sehr viel früher machte sich die Bedenklichkeit der Mathematisierung der Welt, bzw. einer ihr unklar nachgebildeten Rationalisierung – einer Philosophie *ordine geometrico* – in der neuen *naturalistischen Psychologie* geltend. Zu ihrem Gebiete gehörten ja auch die rationalen Erkenntnistätigkeiten und Erkenntnisse der Philosophen, der Mathematiker, der Naturforscher usw., in denen die neuen Theorien als ihre Geistesgebilde wurden und als solche, die den letzten Wahrheitssinn der Welt in sich trugen. Das machte solche Schwierigkeiten, daß schon mit Berkeley und Hume eine paradoxe, zwar als Widersinn empfundene, aber nicht recht faßbare *Skepsis* erwuchs, welche sich zunächst gerade gegen die Muster der Rationalität, gegen Mathematik und Physik, richtete und ihre Grundbegriffe, ja den Sinn ihrer Gebiete (mathematischer Raum, materielle Natur) als psychologische Fiktionen zu entwerten suchte. Sie ging schon in Hume bis ans Ende, bis zur Entwurzelung des ganzen Ideals der Philosophie, der ganzen Art der Wissenschaftlichkeit der neuen Wissenschaften. Betroffen war, und das ist überaus bedeutsam, nicht nur das *neuzeitliche* philosophische Ideal, sondern die *gesamte Philosophie* der Vergangenheit, die ganze Aufgabenstellung einer Philosophie als *universaler objektiver Wissenschaft*. Eine paradoxe Situation! Höchst erfolgreiche und täglich sich vermehrende Leistungen, mindestens einer großen Reihe neuer Wissenschaften, lagen vor. Der in ihnen Arbeitende oder sie sorgsam Nachverstehende erlebte eine Evidenz, der er – und niemand – sich entziehen konnte. Und doch war diese ganze Leistung, diese Evidenz selbst, *in einer gewissen neuen Blickrichtung und von der Psychologie her*, in deren Gebiet sich das leistende Tun abspielte, völlig unverständlich geworden. Aber noch mehr. Nicht nur die neuen Wissenschaften und ihre Welt, die rational interpretierte, waren betroffen, sondern auch das alltägliche Weltbewußtsein und Weltleben, die vorwissenschaftliche Welt im alltäglichen Sinne, die Welt, in deren selbstverständlicher Seinsgeltung das Tun und Treiben des von der Wissenschaft unberührten Menschen sich vollzieht, und schließlich auch des Wissenschaftlers, und nicht nur, wenn er in die Alltagspraxis zurückkehrt.

Die radikalste frühere Skepsis hatte gegen diese Welt nicht ihren Angriff gerichtet, sondern nur ihre Relativität geltend gemacht zwecks Negation der ἐπιστήμη und der in ihr philosophisch substruierten Welt an-sich. Darin bestand ihr Agnostizismus.

So treten jetzt Welträtsel von einem früher nie geahnten Stil auf den Plan, und sie bedingten eine völlig neue Art des Philosophierens, das „erkenntnistheoretische", „vernunfttheoretische", und bald auch systematische Philosophien von einer völlig neuartigen Zielstellung und Methode. Diese größte aller Revolutionen bezeichnet sich als die *Umwendung des wissenschaftlichen Objektivismus*, des neuzeitlichen, aber auch desjenigen *aller früheren Philosophien der Jahrtausende, in einen transzendentalen Subjektivismus.*

§ 14 *Vordeutende Charakteristik des Objektivismus und Transzendentalismus. Das Ringen dieser beiden Ideen als der Sinn der neuzeitlichen Geistesgeschichte*

Das Charakteristische des *Objektivismus* ist, daß er sich auf dem Boden der durch Erfahrung selbstverständlich vorgegebenen Welt bewegt und nach ihrer „objektiven Wahrheit" fragt, nach dem für sie unbedingt, für jeden Vernünftigen Gültigen, nach dem, was sie an sich ist. Das universal zu leisten, ist Sache der Episteme, der Ratio bzw. der Philosophie. Damit werde das letztlich Seiende erreicht, hinter das zurückzufragen keinen vernünftigen Sinn mehr hätte.

Der Transzendentalismus dagegen sagt: der Seinssinn der vorgegebenen Lebenswelt ist *subjektives Gebilde*, ist Leistung des erfahrenden, des vorwissenschaftlichen Lebens. In ihm baut sich der Sinn und die Seinsgeltung der Welt auf, und jeweils *der* Welt, welche dem jeweilig Erfahrenden wirklich gilt. Was die „objektiv wahre" Welt anlangt, die der Wissenschaft, so ist sie *Gebilde höherer Stufe* aufgrund des vorwissenschaftlichen Erfahrens und Denkens bzw. seiner Geltungsleistungen. Nur ein radikales Zurückfragen auf *die* Subjektivität, und zwar auf die *letztlich* alle Weltgeltung mit ihrem Inhalt und in allen vorwissenschaftlichen und wissenschaftlichen Weisen zustandebringende Subjektivität, sowie auf das Was und Wie der Vernunftleistungen kann die objektive Wahrheit verständlich machen und den *letzten Seinssinn* der Welt erreichen. Also nicht das Sein der Welt in seiner fraglosen Selbstverständlichkeit ist das an sich Erste, und nicht die bloße Frage ist zu stellen, was ihr objektiv zugehört; sondern das *an sich Erste ist die Subjektivität* und zwar *als* die das Sein der Welt naiv vorgebende und dann rationalisierende oder, was gleich gilt: objektivierende.

Doch hier droht vorweg der Widersinn, da es zunächst als selbstverständlich erscheint, daß diese Subjektivität der Mensch ist, also die psychologische Subjektivität. Der gereifte Transzendentalismus protestiert gegen den psychologischen Idealismus und prätendiert, während er die objektive Wissenschaft *als Philosophie* bestreitet, eine *völlig neuartige Wissenschaftlichkeit* als transzendentale auf die Bahn zu bringen. Von einem Subjektivismus dieses transzendentalen Stiles hatte die vergangene Philosophie auch nicht eine Ahnung. Es fehlte an wirksamen Motiven für eine entsprechende Änderung der Einstellung, obschon eine solche von der antiken Skepsis her, und gerade von ihrem anthropologischen Relativismus aus, denkbar gewesen wäre.

Die ganze Geschichte der Philosophie seit Auftreten der „Erkenntnistheorie" und der ernstlichen Versuche einer Transzendentalphilosophie ist eine Geschichte der gewaltigen Spannungen zwischen objektivistischer und transzendentaler Philosophie, eine Geschichte der beständigen Versuche, den Objektivismus zu erhalten und in neuer Gestalt auszubilden, und andererseits der Versuche des Transzendentalismus, der Schwierigkeiten Herr zu werden, welche die Idee der transzendentalen Subjektivität und die von daher geforderte Methode mit sich führen. Die Aufklärung des Ursprunges dieser inneren Spaltung der philosophischen Entwicklung und die Analyse der letzten Motive dieser radikalsten Verwandlung der Idee der Philosophie ist von größter Wichtigkeit. Sie ergibt erst eine Einsicht in die *tiefste Sinnhaftigkeit*, die das ganze philosophiegeschichtliche Werden der Neuzeit einigt: eine die Philosophengenerationen verbindende Einheit ihrer Willentlichkeit, und in dieser eine Ausgerichtetheit aller einzelsubjektiven und schulmäßigen Bestrebungen. Es ist, wie ich hier versuchen werde zu zeigen, eine Ausgerichtetheit auf eine *Endform* der Transzendentalphilosophie – als *Phänomenologie* – in der als aufgehobenes Moment die *Endform der Psychologie* liegt, die den naturalistischen Sinn der neuzeitlichen Psychologie entwurzelt.

§ 15 *Reflexion über die Methode unserer historischen Betrachtungsart*

Die Art der Betrachtungen, die wir durchzuführen haben, und die schon den Stil der vorbereitenden Andeutungen bestimmten, ist nicht diejenige historischer Betrachtungen im gewöhnlichen Sinne. Uns gilt es, die *Teleologie* in dem geschichtlichen Werden der Philosophie, insonderheit der neuzeitlichen, verständlich zu machen, und in eins damit, uns über uns selbst Klarheit zu verschaffen, als ihre Träger, in unserer persönlichen Willentlichkeit ihre Mitvollzieher. Wir versuchen, die *Einheit*, die in allen historischen Zielstellungen, im Gegeneinander und Miteinander ihrer Verwandlungen waltet, herauszuverstehen und in einer beständigen Kritik, die immerfort nur den historischen Gesamtzusammenhang als einen personalen im Auge hat, schließlich die historische Aufgabe zu erschauen, die wir als die einzige uns persönlich eigene anerkennen können. Ein Erschauen nicht von außen her, vom Faktum, und als ob das zeitliche Werden, in dem wir selbst geworden sind, ein bloß äußerliches kausales Nacheinander wäre, sondern *von innen* her. Wir, die wir nicht nur geistiges Erbe haben, sondern auch durch und durch nichts anders als historisch-geistig Gewordene sind, haben nur so eine wahrhaft uns eigene Aufgabe. Wir gewinnen sie nicht durch die Kritik irgendeines gegenwärtigen oder altüberlieferten Systems, einer wissenschaftlichen oder vorwissenschaftlichen „Weltanschauung" (am Ende gar einer chinesischen), sondern nur aus einem kritischen Verständnis der Gesamteinheit der Geschichte – *unserer* Geschichte. Denn geistige Einheit hat sie aus der Einheit und Triebkraft der

Aufgabe, welche im geschichtlichen Geschehen – im Denken der füreinander und überzeitlich miteinander Philosophierenden – durch Stufen der Unklarheit zur befriedigenden Klarheit kommen will, bis sie sich endlich zur vollkommenen Einsichtigkeit durcharbeitet. Dann steht sie nicht nur als sachlich notwendige da, sondern als uns, den heutigen Philosophen, *aufgegebene*. Wir sind eben, was wir sind, als Funktionäre der neuzeitlichen philosophischen Menschheit, als Erben und Mitträger der durch sie *hindurchgehenden* Willensrichtung, und sind das aus einer Urstiftung, die aber zugleich Nachstiftung und Abwanderung der griechischen Urstiftung ist. In dieser liegt der *teleologische Anfang*, die wahre Geburt des europäischen Geistes überhaupt.

Solche Art der Aufklärung der Geschichte in Rückfrage auf die Urstiftung der Ziele, welche die Kette der künftigen Generationen verbinden, sofern sie in ihnen in sedimentierten Formen fortleben, aber immer wieder aufweckbar und in neuer Lebendigkeit kritisierbar sind, solche Art der Rückfrage auf die Weisen, wie fortlebende Ziele immer wieder neuversuchte Erzielungen mit sich führen und immer wieder durch Unbefriedigung die Nötigung, sie zu klären, zu bessern, mehr oder minder radikal umzugestalten – das, sage ich, ist nichts anderes als die echte Selbstbesinnung des Philosophen auf das, worauf er *eigentlich hinaus will*, was in ihm Wille ist *aus* dem Willen und *als* Wille der geistigen Vorväter. Es heißt, die sedimentierte Begrifflichkeit, die als Selbstverständlichkeit der Boden seiner privaten und unhistorischen Arbeit ist, wieder lebendig zu machen in seinem verborgenen geschichtlichen Sinn. Es heißt, in seiner Selbstbesinnung zugleich die Selbstbesinnung der Altvordern weiterführen und so nicht nur die Kette der Denker, ihre Denksozialität, ihre gedankliche Vergemeinschaftung wieder aufwecken und in eine lebendige Gegenwart für uns verwandeln, sondern aufgrund dieser vergegenwärtigten *Gesamteinheit* eine *verantwortliche Kritik* üben, eine Kritik eigener Art, die ihren Boden in diesen historischen personalen Zwecksetzungen, relativen Erfüllungen und Wechselkritiken hat und nicht in den privaten Selbstverständlichkeiten des gegenwärtigen Philosophen. Selbstdenker sein, autonomer Philosoph im Willen zur Befreiung von allen Vorurteilen, fordert von ihm die Einsicht, daß alle seine Selbstverständlichkeiten *Vorurteile* sind, daß alle Vorurteile Unklarheiten aus einer traditionalen Sedimentierung sind, und nicht etwa bloß in ihrer Wahrheit unentschiedene Urteile, und daß dieses schon von der großen Aufgabe, der Idee, gilt, die „Philosophie" heißt. Auf sie sind alle als philosophisch geltenden Urteile zurückbezogen.

Eine historische Rückbesinnung der in Rede stehenden Art ist also wirklich eine tiefste Selbstbesinnung auf ein Selbstverständnis dessen hin, worauf man eigentlich hinaus will, als der man ist, als historisches Wesen. Selbstbesinnung dient der Entscheidung, und sie heißt hier natürlich zugleich Fortführung der eigensten Aufgabe, der nunmehr aus jener historischen Selbstbesinnung verstandenen und geklärten Aufgabe, die in der Gegenwart uns gemeinsam aufgegeben ist.

Wesensmäßig aber gehört zu jeder Urstiftung eine dem historischen Prozeß aufgegebene Endstiftung. Sie ist vollzogen, wenn die Aufgabe zur vollendeten Klarheit gekommen ist, und damit zu einer apodiktischen Methode, die in jenem Schritte der Erzielung der ständige Durchgang ist für neue Schritte, die den Charakter von absolut gelingenden haben, d. h. von apodiktischen. Die Philosophie als unendliche Aufgabe wäre damit zu ihrem apodiktischen Anfang gekommen, zu ihrem Horizont apodiktischer Fortführung. (Es wäre natürlich grundverkehrt, dem hier sich anzeigenden prinzipiellsten Sinn des Apodiktischen den üblichen, von der traditionellen Mathematik abgenommenen Sinn unterzuschieben.)

Vor einem Mißverständnis aber ist zu warnen. Jeder historische Philosoph vollzieht seine Selbstbesinnungen, führt seine Verhandlungen mit den Philosophen seiner Gegenwart und Vergangenheit. Er spricht sich über all das aus, fixiert in solchen Auseinandersetzungen seinen eigenen Standort, schafft sich so ein Selbstverständnis über sein eigenes Tun, wie denn auch seine veröffentlichten

Theorien in ihm erwachsen sind in dem Bewußtsein dessen, daß er darauf hinwollte.

Aber wenn wir durch historische Forschung noch so genau über solche „Selbstinterpretationen" (und sei es auch über die einer ganzen Kette von Philosophen) unterrichtet werden, so erfahren wir daraus noch nichts über das, worauf „es" letztlich in der verborgenen Einheit intentionaler Innerlichkeit, welche allein Einheit der Geschichte ausmacht, in all diesen Philosophen „hinauswollte". Nur in der Endstiftung offenbart sich das, nur von ihr aus kann sich die einheitliche Ausgerichtetheit aller Philosophien und Philosophen eröffnen, und von ihr aus kann eine Erhellung gewonnen werden, in welcher man die vergangenen Denker versteht, wie sie selbst sich nie hätten verstehen können.

Das macht es klar, daß die eigenartige Wahrheit einer solchen „teleologischen Geschichtsbetrachtung" niemals durch Zitation dokumentarischer „Selbstzeugnisse" früherer Philosophen entscheidend widerlegt werden kann; denn sie erweist sich allein in der Evidenz einer kritischen Gesamtschau, die hinter den „historischen Tatsachen" dokumentierter Philosopheme und ihres scheinbaren Gegeneinanders und Nebeneinanders eine sinnhaft-finale Harmonie aufleuchten läßt.

§ 16 *Descartes als Urstifter sowohl der neuzeitlichen Idee des objektivistischen Rationalismus als auch des ihn sprengenden transzendentalen Motivs*

Wir gehen jetzt daran, die Aufklärung des Einheitsinnes der neuzeitlichen philosophischen Bewegungen wirklich durchzuführen, innerhalb deren die besondere Rolle alsbald hervortreten wird, welche der Entwicklung der neuen Psychologie beschieden war. Zu diesem Zwecke müssen wir uns zum *urstiftenden Genius* der gesamten neuzeitlichen Philosophie zurückwenden: zu Descartes. Nachdem kurz vorher Galilei die Urstiftung der neuen Naturwissenschaft vollzogen hatte, war es Descartes, welcher die neue Idee der universalen Philosophie konzipierte und sogleich in einen systematischen Gang brachte: mit dem Sinn des mathematischen, man kann besser sagen, des physikalistischen Rationalismus – eine Philosophie als „Universalmathematik“. Sie kommt auch sofort zu einer gewaltigen Wirkung.

Das meint also (nach dem vorhin Ausgeführten) nicht, daß er im voraus diese Idee systematisch voll ausgedacht hätte, geschweige denn, daß seine Zeitgenossen und Nachfahren, von ihr beständig geleitet in den Wissenschaften, sie in explizierter Gestalt vor Augen gehabt hätten. Dazu wäre ja schon jene höhere systematische Ausbildung der reinen Mathematik in der neuen Idee der Universalität nötig gewesen, welche in erster relativer Ausreifung bei Leibniz (als „mathesis universalis“) auftritt und in gereifterer Gestalt als Mathematik der definiten Mannigfaltigkeiten noch jetzt in lebendiger Erforschung ist. Wie überhaupt historische, in großen Entwicklungen sich auswirkende Ideen leben diejenigen der neuen Mathematik, der neuen Naturwissenschaft, der neuen Philosophie im Bewußtsein der Personalitäten, die als ihre Entwicklungsträger fungieren, in sehr verschiedenen noetischen Modi: bald wie Instinkte fortstrebend, ohne jede Fähigkeit dieser Personen, sich über ihr Worauf-Hin Rechenschaft abzulegen, bald als Ergebnisse einer mehr oder minder klaren Rechenschaft, als schlecht und recht ergriffene Ziele, dann eventuell durch erneute Überlegungen sich zu immer präziseren Zielen ausformend. Andererseits haben wir auch Modi ihrer Verflachung, der Verunklärung bei der Übernahme anderwärts schon präzisierter Ideen, die nun andere Weisen der Vagheit annehmen: – wir haben dergleichen schon verstehen gelernt – als entleerte, zu bloßen Wortbegriffen verdunkelte Ideen, evt. in den Versuchen der Auslegung sich mit falschen Interpretationen beschwerend und dergleichen. Sie sind bei all dem noch Triebkräfte in der Entwicklung. So wirken die uns hier interessierenden Ideen auch bei allen, die im mathematischen Denken nicht erzogen sind. Das ist wohl zu beachten, wenn man von der durch die ganze Neuzeit, durch alle Wissenschaft und Bildung hindurchwirkenden Macht der neuen Idee der Philosophie spricht, als der erst von Descartes ergriffenen und relativ fest umgriffenen.

Aber nicht bloß durch die Inauguration dieser Idee war Descartes der Erzvater der Neuzeit. Es ist höchst merkwürdig zugleich, daß er in seinen „Meditationen" es war, der – und gerade in der Absicht, dem neuen Rationalismus und dann *eo ipso* Dualismus eine radikale Fundamentierung zu geben – eine Urstiftung von Gedanken vollzog, die in ihrer eigenen historischen Auswirkung (als wie einer verborgenen Teleologie der Geschichte folgend) dazu bestimmt waren, eben diesen Rationalismus durch Enthüllung seines verborgenen Widersinns zu zersprengen: eben jene Gedanken, die diesen Rationalismus als *aeterna veritas* begründen sollten, tragen einen *tief verborgenen Sinn* in sich, der, zutage gekommen, ihn völlig entwurzelt.

§ 17 *Descartes' Rückgang zum „Ego cogito". Sinnauslegung der Cartesianischen Epoché*

Betrachten wir den Gang der ersten beiden cartesianischen Meditationen in einer Perspektive, die seine allgemeinen Strukturen hervortreten läßt – den Gang zum *Ego cogito*, dem Ego der *cogitationes* jeweiliger *cogitata*. Unser Thema sei also diese beliebte Examensfrage für philosophische Kinder. In Wahrheit liegt in diesen ersten Meditationen eine Tiefe, die so schwer auszuschöpfen ist, daß sogar Descartes es nicht vermochte – so wenig, daß er die große Entdeckung, die er schon in Händen hatte, sich wieder entgleiten ließ. Noch heute und vielleicht erst recht heute müßte, scheint mir, jeder Selbstdenker diese ersten Meditationen mit größter Vertiefung studieren, nicht abgeschreckt durch den Anschein der Primitivität, durch die im voraus bekannte Verwertung der neuen Gedanken für die paradoxen und grundverkehrten Gottesbeweise und sonst durch manche Unklarheiten und Vieldeutigkeiten – und dann auch nicht zu schnell beruhigt durch die eigenen Widerlegungen. Es hat gute Gründe, wenn ich jetzt meinem Versuch einer sorgsamen Auslegung Raum gebe, welcher nicht wiederholt, was Descartes sagt, sondern herausholt, was in seinem Denken wirklich lag; dann aber scheidet, was ihm selbst bewußt geworden ist, und was gewisse, allerdings sehr natürliche Selbstverständlichkeiten ihm verdeckt bzw. seinen Gedanken unterschoben haben. Es sind nicht bloß Reste scholastischer Traditionen, nicht zufällige Vorurteile seiner Zeit, sondern *Selbstverständlichkeiten der Jahrtausende*, deren Überwindung überhaupt erst durch eine Abklärung und durch ein Zuendedenken des in seinen Gedanken Originalen möglich werden kann.

Philosophische Erkenntnis ist nach Descartes *absolut begründete;* sie muß auf einem Grunde unmittelbarer und apodiktischer Erkenntnis ruhen, die in ihrer Evidenz jeglichen erdenklichen Zweifel ausschließt. Jeder Schritt mittelbarer Erkenntnis muß eben solche Evidenz erlangen können. Die Überschau über seine bisherigen Überzeugungen, seine erworbenen und übernommenen, zeigte ihm, daß sich überall Zweifel oder Zweifelsmöglichkeiten melden. In dieser Situation ist es für ihn und jeden, der ernstlich Philosoph werden will, unvermeidlich, mit *einer Art radikaler skeptischer Epoché* anzufangen, die das Universum aller seiner bisherigen Überzeugungen in Frage stellt, vorweg jeden Urteilsgebrauch von denselben verwehrt, jede Stellungnahme zu ihrer Gültigkeit oder Ungültigkeit. Einmal in seinem Leben muß jeder Philosoph so verfahren, und hat er es nicht getan, so muß er, auch wenn er nun schon „seine Philosophie“ hat, so verfahren. Diese ist also vor der Epoché wie ein sonstiges Vorurteil zu behandeln. Diese *„Cartesianische Epoché“* ist in der Tat von einem bisher unerhörten Radikalismus, denn sie umfaßt ausdrücklich nicht nur die Geltung aller bisherigen *Wissenschaften,* selbst die apodiktische Evidenz beanspruchende Mathematik nicht ausgenommen, sondern sogar die Geltung der vor- und außerwissenschaftlichen *Lebenswelt,* also die stets in fragloser Selbstverständlichkeit vorgegebene Welt der sinnlichen Erfahrung und alles von ihr genährten Denklebens, des unwissenschaftlichen, schließlich auch des wissenschaftlichen. Zum ersten Male wird, können wir sagen, die unterste Stufe aller objektiven Erkenntnis, der Erkenntnisboden aller bisherigen Wissenschaften, aller Wissenschaften von „der" Welt, „erkenntniskritisch" in Frage gestellt: nämlich die Erfahrung im gewöhnlichen Sinne, die „sinnliche" Erfahrung – und korrelativ die Welt selbst: als die in und aus dieser Erfahrung für uns Sinn und Sein habende, so wie sie ständig in fragloser Gewißheit für uns als schlicht vorhandene gilt, mit dem und dem Gehalt an einzelnen Realitäten, und sich nur in Einzelheiten gelegentlich als zweifelhaft oder als nichtiger Schein entwertet. Von da aus aber sind auch mit in Frage gestellt alle die Sinn- und Geltungsleistungen, welche in der Erfahrung fundiert sind. In der Tat liegt hier, wie wir schon erwähnt haben, der historische Anfang einer „Erkenntniskritik", und zwar als einer radikalen Kritik der objektiven Erkenntnis.

Es ist wieder daran zu erinnern, daß der antike Skeptizismus, angefangen von Protagoras und Gorgias, die Episteme, d. i. die wissenschaftliche Erkenntnis des An-sichseienden, in Frage stellt und leugnet, daß er aber über einen solchen Agnostizismus nicht hinausgeht, nicht über die Leugnung von rationalen Substruktionen einer „Philosophie", die mit ihren vermeintlichen Wahrheiten-an-sich ein rationales An-sich annimmt und erreichen zu können glaubt. „Die" Welt sei rational unerkennbar, über die subjektiv-relativen Erscheinungen könne menschliche Erkenntnis nicht hinausreichen. Von da aus wäre wohl eine Möglichkeit gewesen (wie z. B. vom zweideutigen Satz des Gorgias „Es gibt nichts"), den Radikalismus weiterzutreiben; aber in Wirklichkeit kam es nie dazu. Es fehlte dem negativistisch praktisch-ethisch (politisch) eingestellten Skeptizismus auch in allen späteren Zeiten das originale Cartesianische Motiv: durch die Hölle einer nicht mehr zu übersteigernden quasi-skeptischen Epoché hindurch zum Eingangstor in den Himmel einer absolut rationalen Philosophie vorzudringen und diese selbst systematisch aufzubauen.

Aber wie soll das nun diese Epoché leisten? Wie soll durch sie gerade, die doch mit einem Schlage alle Welterkenntnis in allen ihren Gestalten, auch denen der schlichten Welterfahrung, außer Spiel setzt und damit das Sein der Welt aus der Hand verliert, ein Urboden unmittelbarer und apodiktischer Evidenzen noch aufweisbar werden? Die Antwort lautet: setze ich alle Stellungnahmen zu Sein oder Nichtsein der Welt aus, enthalte ich mich jeder auf die Welt bezüglichen Seinsgeltung, so ist mir innerhalb dieser Epoché doch nicht *jede* Seinsgeltung verwehrt. Ich, das die Epoché vollziehende Ich, bin im gegenständlichen Bereich derselben nicht eingeschlossen, vielmehr – wenn ich sie wirklich radikal und universal vollziehe – prinzipiell ausgeschlossen. Ich bin notwendig als ihr Vollzieher. Eben hierin finde ich gerade den gesuchten apodiktischen Boden, der jeden möglichen Zweifel absolut ausschließt. Wieweit ich den Zweifel auch treiben mag, und versuche ich selbst, mir zu denken, daß alles zweifelhaft oder gar in Wahrheit nicht sei, es ist absolut evident, daß Ich doch wäre, als Zweifelnder, alles Negierender. Ein universaler Zweifel hebt sich selbst auf. Also während der universalen Epoché steht mir die absolut apodiktische Evidenz „Ich bin" zu Gebote. Aber in derselben Evidenz ist auch sehr Mannigfaltiges beschlossen. *Sum cogitans*, diese Evidenzaussage lautet konkreter: *ego cogito – cogitata qua cogitata.* Das befaßt alle cogitationes, die einzelnen und ihre strömende Synthesis zur universalen Einheit einer cogitatio, in denen als cogitatum die Welt und das ihr jeweils von mir Zugedachte für mich Seinsgeltung hatte und hat; nur daß ich jetzt *als* Philosophierender diese Geltungen nicht mehr in der natürlichen Weise schlicht vollziehen und erkenntnismäßig verwerten darf. In meinem Stande der Epoché über ihnen allen – darf ich sie nicht mehr mitmachen. Also mein gesamtes erfahrendes, denkendes, wertendes und sonstiges Aktleben verbleibt mir, und es läuft ja auch weiter, nur daß das, was mir darin als „die" Welt, als die für mich seiende und geltende vor Augen stand, zum bloßen *„Phänomen"* geworden ist, und zwar hinsichtlich aller ihr zugehörigen Bestimmungen. Sie alle und *die Welt selbst* haben sich in meine *„ideae"* verwandelt, sie sind unabtrennbare Bestände meiner cogitationes, eben als ihre cogitata – in der Epoché.

Hier hätten wir also eine *absolut apodiktische,* in dem Titel Ego *mitbeschlossene Seinssphäre,* und nicht etwa bloß den einen axiomatischen Satz *„Ego cogito"* oder *„sum cogitans"*.

Aber noch etwas und etwas besonders Merkwürdiges ist beizufügen. Durch die Epoché bin ich zu derjenigen Seinssphäre vorgedrungen, die *prinzipiell allem erdenklichen für mich Seienden und ihren Seinssphären vorangeht als ihre absolut apodiktische Voraussetzung.* Oder was für Descartes gleich gilt: Ich, das Vollzugs-Ich der Epoché, bin das einzig absolut Zweifellose, jede Zweifelsmöglichkeit prinzipiell Ausschließende. Was sonst als apodiktisch auftritt, wie z. B. die mathematischen Axiome, läßt sehr wohl Zweifelsmöglichkeiten offen, also auch die Denkbarkeit der Falschheit – sie wird erst ausgeschlossen und der Anspruch der Apodiktizität gerechtfertigt, wenn eine mittelbare und absolut apodiktische Begründung gelingt, die sie zurückführt auf jene einzig absolute Urevidenz, auf die eben – wenn eine Philosophie möglich werden soll – alle wissenschaftliche Erkenntnis zurückführen muß.

§ 18 *Descartes' Selbstmißdeutung: die psychologistische Verfälschung des durch die Epoché gewonnenen reinen Ego*

Hier müssen wir einiges zur Sprache bringen, was wir in der bisherigen Auslegung absichtlich verschwiegen haben. Damit wird eine *verborgene Doppeldeutigkeit* der Cartesianischen Gedanken zu Tage treten; es zeigen sich zwei Möglichkeiten, diese Gedanken zu fassen, sie auszubilden, wissenschaftliche Aufgaben zu stellen, von denen für Descartes nur die *eine* die vorweg selbstverständliche war. So ist der Sinn seiner Darstellungen faktisch (als der seine) eindeutig; aber leider stammt diese Eindeutigkeit daher, daß er den originalen Radikalismus seiner Gedanken nicht wirklich durchführt, daß er nicht wirklich alle seine Vormeinungen, nicht wirklich in allem die Welt der Epoché unterwirft („einklammert"), daß er, auf sein Ziel verschossen, gerade das Bedeutsamste nicht herausholt, was er im „Ego“ der Epoché gewonnen hatte, um rein an diesem ein philosophisches θαυμάζειν zu entfalten. Im Vergleich mit dem, was eine solche Entfaltung, und zwar sehr bald ergeben konnte, war alles, was er an Neuem wirklich zutage bringt – so original und weiterwirkend es ist – in gewissem Sinne oberflächlich und wird zudem durch seine Deutung entwertet. Nämlich über *dieses* in der Epoché erst entdeckte Ego sich verwundernd, fragt er zwar selbst, *was für ein Ich* das sei, ob etwa das Ich der Mensch, der sinnlich anschauliche Mensch des gemeinen Lebens sei. Nun schaltet er den Leib aus – wie die sinnliche Welt überhaupt verfällt auch dieser der Epoché – und so bestimmt sich für Descartes das Ego als *mens sive animus sive intellectus*.

Hier aber hätten wir einige Fragen. Bezieht sich die Epoché nicht auf das All meiner (des Philosophierenden) Vorgegebenheiten, also auf die ganze Welt mit allen Menschen, und auf diese nicht nur hinsichtlich ihrer bloßen Körper? Und so auf mich selbst als *ganzen* Menschen, als der ich mir selbst in der natürlichen Welthabe ständig gelte? Ist hier Descartes nicht schon im voraus beherrscht von der Galileischen Gewißheit einer universalen und absolut puren Körperwelt, mit dem Unterschied des bloß sinnlich Erfahrbaren und dessen, was als Mathematisches Sache eines reinen Denkens ist? Ist ihm nicht schon selbstverständlich, daß die Sinnlichkeit auf ein an-sich Seiendes verweist, nur, daß sie täuschen kann, und daß es einen rationalen Weg geben muß, dies zu entscheiden und das An-sich-Seiende in mathematischer Rationalität zu erkennen? Aber ist das alles nicht ineins durch die Epoché eingeklammert, und zwar selbst als Möglichkeit? Es ist offenbar, daß Descartes im voraus trotz des Radikalismus der Voraussetzungslosigkeit, den er fordert, ein *Ziel* hat, für welches der Durchbruch zu diesem „Ego“ das *Mittel* sein soll. Er sieht nicht, daß er diesen Radikalismus schon verlassen hat mit der Überzeugung von der Möglichkeit des Zieles und dieses Mittels. Mit dem bloßen Entschluß zur Epoché, zur radikalen Enthaltung von allen Vorgegebenheiten, allen Vorgeltungen von Weltlichem, ist es nicht getan; die Epoché muß ernstlich vollzogen *sein* und *bleiben*. Das Ego ist nicht ein Residuum der Welt, sondern die absolut apodiktische Setzung, die nur durch die Epoché, nur durch die „Einklammerung" der *gesamten* Weltgeltung ermöglicht und als einzige ermöglicht wird. Die *Seele* aber ist das *Residuum einer vorgängigen Abstraktion* des puren Körpers und nach dieser Abstraktion, mindestens scheinbar, ein Ergänzungsstück dieses Körpers. Aber (wie nicht außer Acht zu lassen ist) diese Abstraktion geschieht nicht in der Epoché, sondern in der Betrachtungsweise des Naturforschers oder Psychologen auf dem natürlichen Boden der vorgegebenen, der selbstverständlich seienden Welt. Wir werden noch über diese Abstraktionen und den Schein ihrer Selbstverständlichkeit zu sprechen haben. Hier ist es genug, darüber klar zu werden, daß in den fundamentierenden Betrachtungen der Meditationen – denen der Einführung der Epoché und ihres Ego – ein Bruch der Konsequenz eingetreten ist durch die Identifikation dieses Ego mit der reinen Seele. Der ganze Erwerb, die große Entdeckung dieses Ego wird durch eine widersinnige Unterschiebung entwertet: eine reine Seele hat in der Epoché gar keinen Sinn, es sei denn als „Seele" in der „Klammer", d. h. als bloßes „Phänomen", so gut wie der Leib. Man übersehe nicht den *neuen* Begriff von „Phänomen", der zum ersten Male mit der Cartesianischen Epoché erwächst.

Man sieht, wie schwer eine so unerhörte Einstellungsänderung wie die der radikalen und universalen Epoché innezuhalten und auszuwerten ist. Sofort bricht irgendwo der *„natürliche Menschenverstand"* durch, irgendetwas aus der naiven Weltgeltung, und verfälscht das in der Epoché ermöglichte und geforderte neuartige Denken. (Daher auch die naiven Einwendungen fast aller meiner philosophischen Zeitgenossen gegen meinen „Cartesianismus", bzw. gegen die „phänomenologische Reduktion", auf die ich mit dieser Darstellung der Cartesianischen Epoché vorbereitet habe). Diese fast unausrottbare Naivität macht es auch, daß in Jahrhunderten fast niemand an der „Selbstverständlichkeit" der Möglichkeit von Schlüssen von dem Ego und seinem cogitativen Leben aus auf ein „Draußen" Anstoß nahm und eigentlich niemand sich die Frage stellte, ob hinsichtlich dieser egologischen Seinssphäre ein „Draußen" überhaupt einen Sinn haben könne – was allerdings dieses *Ego zu einem Paradoxon, zum größten aller Rätsel macht.* Aber vielleicht hängt viel, ja für eine Philosophie alles an diesem Rätsel, und vielleicht ist die Erschütterung, die Descartes selbst bei der Entdeckung dieses Ego erfuhr, doch für uns kleinere Geister bedeutsam als Anzeige dafür, daß ein wahrhaft Großes und Größtes sich darin ankündigte, welches durch alle Irrungen und Verirrungen als der „Archimedische Punkt" jeder echten Philosophie einmal an den Tag kommen mußte.

Das neue Motiv des Rückgangs auf das Ego, sobald es einmal in die Geschichte eingetreten war, offenbarte seine innere Mächtigkeit darin, daß es trotz seiner Verfälschungen und Verdunkelungen ein neues Zeitalter der Philosophie einleitet und ihm ein neues Telos einpflanzt.

§ 19 *Descartes' vordringliches Interesse am Objektivismus als Grund seiner Selbstmißdeutung*

In der verhängnisvollen Form einer Unterschiebung des eigenen seelischen Ich für das Ego, der psychologischen Immanenz für die egologische Immanenz, der Evidenz der psychischen „inneren" oder „Selbstwahrnehmung" für die egologische Selbstwahrnehmung wirken sich die „Meditationen" bei Descartes aus und wirken sie historisch fort bis zum heutigen Tage. Er selbst glaubt wirklich, auf dem Wege von Schlüssen auf das dem Eigenseelischen Transzendente den Dualismus der endlichen Substanzen (vermittelt durch den ersten Schluß auf die Transzendenz Gottes) erweisen zu können. Ebenso meint er das für seine widersinnige Einstellung bedeutsame Problem zu lösen, das in abgewandelter Form nachher bei Kant wiederkehrt: wie die in meiner Vernunft erzeugten Vernunftgebilde (meine eigenen *„clarae et distinctae perceptiones"*) – die der Mathematik und mathematischen Naturwissenschaft – eine objektiv „wahre", eine metaphysisch transzendente Geltung beanspruchen können. Was die Neuzeit Theorie des

Verstandes oder der Vernunft, in einem prägnanten Sinne: Vernunftkritik, transzendentale Problematik nennt, hat seine Sinneswurzel in den Cartesianischen Meditationen. Das Altertum hat dergleichen nicht gekannt, da ihm die Cartesianische Epoché und ihr Ego fremd waren. So beginnt mit Descartes in der Tat ein *völlig neuartiges Philosophieren*, das seine letzten Begründungen im Subjektiven sucht. Daß Descartes aber im reinen Objektivismus verharrt, trotz dessen subjektiver Begründung, wurde nur dadurch möglich, daß die *mens*, die zunächst in der Epoché für sich stand und als *absoluter Erkenntnisboden* für die Begründungen der objektiven Wissenschaften (universal gesprochen, der Philosophie) fungierte, zugleich als rechtmäßiges Thema *in derselben*, nämlich in der Psychologie, mitbegründet schien. Descartes macht sich nicht klar, daß das *Ego, sein durch die Epoché entweltlichtes Ich*, in dessen funktionierenden cogitationes die Welt allen Seinssinn hat, den sie je für ihn haben kann, *unmöglich in der Welt* als Thema auftreten kann, da *alles Weltliche* eben *aus diesen Funktionen* seinen Sinn schöpft, also auch das eigene seelische Sein, das Ich im gewöhnlichen Sinne. Erst recht war ihm natürlich unzugänglich die Erwägung, daß das Ego, so wie es in der Epoché als für sich selbst seiend zur Entdeckung kommt, noch gar nicht „ein" Ich ist, das andere oder viele Mit-Iche außer sich haben kann. Es blieb ihm verborgen, daß alle solche Unterscheidungen wie Ich und Du, Innen und Außen erst im absoluten Ego sich „konstituieren". So versteht es sich, warum Descartes in seiner Eiligkeit, den Objektivismus und die exakten Wissenschaften als metaphysisch-absolute Erkenntnis gewährende zu begründen, sich nicht die *Aufgabe* stellt, *das reine Ego* – in der Epoché konsequent verbleibend – systematisch *zu befragen nach dem, was ihm an Akten, an Vermögen eignet und was es in ihnen als intentionale Leistung zustande bringt*. Da er nicht verweilt, kann sich ihm nicht die gewaltige Problematik erschließen: von der Welt als „Phänomen" im Ego systematisch zurückzufragen, in welchen wirklich aufweisbaren immanenten Leistungen des Ego die Welt ihren Seinssinn erhalten hat. Eine Analytik des Ego als der *mens* war offenbar für *ihn* Sache der künftigen objektiven Psychologie.

§ 20 *Die „Intentionalität" bei Descartes*

Die fundamentierenden ersten Meditationen waren demnach eigentlich ein Stück Psychologie, von der noch ausdrücklich als ein höchst bedeutsames, aber ganz unentwikkelt bleibendes Moment hervorzuheben ist: die *Intentionalität,* die das Wesen des egologischen Lebens ausmacht. Ein anderes Wort dafür ist *„cogitatio"*, z. B. das erfahrend, denkend, fühlend, wollend *etwas Bewußthaben* usw.; denn jede *cogitatio* hat ihr *cogitatum.* Jede ist im weitesten Sinne ein Vermeinen, und so gehört zu jeder irgendein Modus der Gewißheit – Gewißheit schlechthin, Vermutung, Für-wahrscheinlich-halten, Zweifeln usw. In Zusammenhang damit stehen die Unterschiede von Bewährung und Entwährung, bzw. von wahr und falsch. Man sieht schon, daß der Problemtitel der Intentionalität unabtrennbar die Verstandes- oder Vernunftprobleme in sich faßt. Freilich, von einer wirklichen Aufstellung und Behandlung des Themas „Intentionalität" ist keine Rede. Andererseits ist doch die ganze vermeinte Fundierung der neuen universalen Philosophie vom Ego aus auch zu charakterisieren als eine „Erkenntnistheorie", d. h. als eine Theorie dafür, wie das Ego in der Intentionalität seiner Vernunft (durch Vernunftakte) *objektive* Erkenntnis zustandebringt. Das heißt allerdings bei Descartes: das Ego *metaphysisch transzendierende* Erkenntnis.

§ 21 *Descartes als Ausgang der beiden Entwicklungslinien des Rationalismus und Empirismus*

Gehen wir nun den von Descartes auslaufenden Entwicklungslinien nach, so führt die eine, die „rationalistische", über Malebranche, Spinoza, Leibniz durch die Wolffsche Schule bis zu Kant, dem Wendepunkt. In ihr wirkt schwungvoll fort und entfaltet sich in großen Systemen der Geist des neuartigen Rationalismus, so wie er ihm von Descartes eingepflanzt war. Hier herrscht als die Überzeugung, in der Methode des *„mos geometricus"* eine absolut gegründete, universale Erkenntnis von der als ein transzendentes „An-sich" gedachten Welt verwirklichen zu können. Eben gegen diese Überzeugung, gegen eine solche Tragweite der neuen Wissenschaft, als hineinreichend in ein „Transzendentes", ja schließlich gegen dieses selbst reagiert – obschon ebenfalls von Descartes stark bestimmt – der englische Empirismus. Er ist aber eine Reaktion von ähnlicher Art wie die des antiken Skeptizismus gegen die damaligen Systeme der rationalen Philosophie. Der neue skeptische Empirismus setzt schon mit Hobbes ein. Für uns aber ist von größerem Interesse, vermöge seiner ungeheuren Fortwirkung in der Psychologie und Erkenntnistheorie, Lockes Kritik des Verstandes und seine nächsten Fortführungen in Berkeley und Hume. Diese Entwicklungslinie ist besonders dadurch bedeutsam, daß sie ein wesentliches Stück des historischen Weges ist, auf dem der psychologisch verfälschte Transzendentalismus des Descartes (wenn wir dessen originale Umwendung zum Ego jetzt schon so nennen dürfen) durch Entfaltung seiner Konsequenzen sich zum Bewußtsein seiner Unhaltbarkeit durchzuarbeiten sucht und von da aus zu einem seines wahren Sinnes bewußteren und echteren Transzendentalismus. Das Erste und historisch Wichtigste war hier die Selbstenthüllung des empiristischen Psychologismus (sensualistisch-naturalistischer Prägung) als eines unerträglichen Widersinns.

§ 22 *Lockes naturalistisch-erkenntnistheoretische Psychologie*

In der empiristischen Entwicklung kommt – wie wir wissen – die durch die Abspaltung der puren Naturwissenschaft als Korrelat geforderte neue Psychologie zur ersten konkreten Ausführung. Diese ist also beschäftigt mit innenpsychologischen Untersuchungen im Felde der nunmehr von der Körperlichkeit abgetrennten Seele sowie mit physiologischen und psychophysischen Erklärungen. Andererseits dient diese Psychologie einer gegenüber der Cartesianischen völlig neuen und sehr differenziert ausgestalteten Erkenntnistheorie. In Lockes großem Werk ist dies von vornherein das eigentliche Absehen. Es gibt sich als einen neuen Versuch, eben das zu leisten, was Descartes' „Meditationen" zu leisten vorhatten: eine erkenntnistheoretische Begründung der Objektivität der objektiven Wissenschaften. Die skeptische Haltung dieses Absehens zeigt sich von Anfang an in Fragen wie nach dem Umfang der Tragweite, den Graden der Gewißheit der menschlichen Erkenntnis. Von den Tiefen der Cartesianischen Epoché und der Reduktion auf das Ego verspürt Locke nichts. Er übernimmt einfach das Ego als Seele, die eben in der Evidenz der Selbsterfahrung ihre inneren Zustände, Akte und Vermögen kennenlernt. Nur was innere Selbsterfahrung zeigt, nur unsere eigenen „Ideen" sind unmittelbar evident gegeben. Alles Außenweltliche ist erschlossen.

So ist das Erste die innenpsychologische Analyse, rein auf dem Grunde der inneren Erfahrung – wobei aber ganz naiv von den Erfahrungen anderer Menschen und der Auffassung der Selbsterfahrung als der *mir, einem Menschen* unter Menschen zugehörigen Gebrauch gemacht, also die objektive Gültigkeit der Schlüsse auf Andere benutzt wird. Wie denn überhaupt die ganze Untersuchung als objektivpsychologische verläuft, ja sogar auf Physiologisches rekurriert – während doch all diese Objektivität in Frage ist.

Das eigentliche Problem Descartes', das der Transzendenz der egologischen (als innenpsychologische interpretierten) Geltungen, darin aller außenweltlichen Schlußweisen, die Frage wie sie, die doch selbst *cogitationes* in der abgekapselten Seele sind, ein außerseelisches Sein sollen begründen können – fällt bei Locke fort oder verschiebt sich in das Problem der psychologischen Genesis der realen Geltungserlebnisse und der zugehörigen Vermögen. Daß sinnliche Daten, als der Willkür ihrer Erzeugung entzogen, Affektionen von außen her sind, außenweltliche Körper bekunden, ist ihm kein Problem, sondern eine Selbstverständlichkeit.

Besonders verhängnisvoll für die künftige Psychologie und Erkenntnistheorie ist es, daß er von der Cartesianischen ersten Einführung der *cogitatio* als *cogitatio* von *cogitata* – also von der Intentionalität – keinen Gebrauch macht, sie nicht als Thema (ja als das eigentlichste der fundamentierenden Untersuchungen) erkannte. Er ist für die ganze Unterscheidung blind. Die Seele ist ein abgeschlossenes Reales für sich so wie ein Körper; in naivem Naturalismus wird nun die Seele gleichwie ein Raum für sich gefaßt, in seinem berühmteren Gleichnis: wie eine Schreibtafel, auf welcher die seelischen Daten kommen und gehen. Dieser Datensensualismus mit der Lehre vom äußeren und inneren Sinn beherrscht die Psychologie und Erkenntnistheorie der Jahrhunderte und noch bis zum heutigen Tage, trotz der üblichen Bekämpfung des „psychischen Atomismus" seinen Grundsinn nicht verändernd. Natürlich heißt es, und ganz unvermeidlich, in der Lockeschen Rede: Perzeptionen, Wahrnehmungen, Vorstellungen „von" Dingen, oder „an-etwas" Glauben, „etwas" Wollen und dergleichen. Aber daß in den Perzeptionen, *in den Bewußtseinserlebnissen selbst* das darin Bewußte *als solches* liegt, daß die Perzeption *in sich selbst* Perzeption *von* etwas, von „diesem Baum" ist, bleibt unberücksichtigt.

Wie soll da das Seelenleben, das ganz und gar Bewußtseinsleben ist, intentionales Leben des Ich, das Gegenständlichkeiten als ihm bewußte hat, mit ihnen erkennend, wertend usw. beschäftigt ist, wie soll es bei einem Übersehen der Intentionalität ernstlich erforscht, wie können da Vernunftprobleme überhaupt angegriffen werden? Und können sie es überhaupt als psychologische? Liegen nicht am Ende hinter den psychologisch-erkenntnistheoretischen Problemen die von Descartes berührten, aber nicht erfaßten Probleme des „Ego" jener Cartesianischen Epoché? Vielleicht sind das nicht unwichtige Fragen und geben dem selbstdenkenden Leser im voraus eine Richtung. Jedenfalls sind sie eine Vordeutung auf das, was in den weiteren Teilen der Schrift zum ernsten Problem werden bzw. als Weg dienen soll in eine wirklich „vorurteilslos" durchzuführende Philosophie, eine Philosophie aus radikalster Begründung in Problemstellung, in Methode, in systematisch zu erledigender Arbeit.

Von Interesse ist auch, daß die Lockesche Skepsis hinsichtlich des rationalen Wissenschaftsideals und seine Einschränkung der Tragweite der neuen Wissenschaften (die ihr Recht behalten sollen) zu einem neuartigen Agnostizismus führt. Nicht wird, wie in der antiken Skepsis, überhaupt die Möglichkeit der Wissenschaft geleugnet, obschon doch wieder unerkennbare Dinge-an-sich angenommen werden. Unsere menschliche Wissenschaft ist ausschließlich auf unsere Vorstellungen und Begriffsbildungen angewiesen, mittels deren wir zwar Schlüsse machen können ins Transzendente, während wir doch prinzipiell nicht eigentliche Vorstellungen von den Dingen-an-sich selbst gewinnen können, Vorstellungen, die das eigene Wesen derselben adäquat ausdrücken. Adäquate Vorstellungen und Erkenntnisse haben wir nur von unserem eigenen Seelischen.

§ 23 *Berkeley. – David Humes Psychologie als fiktionalistische Erkenntnistheorie: der „Bankrott“ der Philosophie und Wissenschaft*

Die Naivitäten und Inkonsequenzen *Lockes* führen zu einer raschen Fortbildung seines Empirismus, der zu einem paradoxen Idealismus forttreibt und schließlich in einen vollendeten Widersinn ausläuft. Das Fundament bleibt der Sensualismus und die scheinbare Selbstverständlichkeit, daß der einzige unbezweifelbare Boden aller Erkenntnis die Selbsterfahrung ist und ihr Reich der immanenten Daten. Von da aus reduziert Berkeley die in der natürlichen Erfahrung erscheinenden körperlichen Dinge auf die Komplexe sinnlicher Daten selbst, in denen sie erscheinen. Kein Schluß sei denkbar, durch den von diesen sinnlichen Daten auf anderes geschlossen werden könnte als wieder auf solche Daten. Es könnte nur ein induktiver, d. i. ein aus der Ideenassoziation stammender Schluß sein. Eine an sich seiende Materie, nach Locke ein „je ne sais quoi“, sei eine philosophische Erfindung. Bedeutsam ist auch, daß er dabei die Art der Begriffsbildung der rationalen Naturwissenschaft in eine sensualistische Erkenntniskritik auflöst.

In diesen Richtungen geht Hume bis ans Ende. Alle Kategorien der Objektivität, die wissenschaftlichen, in denen das wissenschaftliche, die vorwissenschaftlichen, in denen das Alltagsleben eine objektive, außerseelische Welt denkt, sind Fiktionen. Zunächst die mathematischen Begriffe Zahl, Größe, Kontinuum, geometrische Figur usw. Sie sind, würden *wir* sagen, methodisch notwendige Idealisationen des anschaulich Gegebenen. Im Sinne Humes aber sind sie Fiktionen, und ebenso in weiterer Folge die ganze vermeintlich apodiktische Mathematik. Der Ursprung dieser Fiktionen ist psychologisch sehr wohl zu erklären (sc. auf dem Boden des immanenten Sensualismus), nämlich aus der immanenten Gesetzlichkeit der Assoziationen und der Relationen zwischen Ideen. Aber auch die Kategorien der vorwissenschaftlichen, der schlicht anschaulichen Welt, die der Körperlichkeit (nämlich die vermeintlich in der unmittelbar erfahrenden Anschauung liegende Identität verharrender Körper), ebenso wie die vermeintlich erfahrene Identität der Person, sind nichts als Fiktionen. Wir sagen etwa „der" Baum dort und unterscheiden von ihm seine wechselnden Erscheinungsweisen. Aber immanent seelisch ist nichts da als diese „Erscheinungsweisen". Es sind Datenkomplexe und immer wieder andere Datenkomplexe, freilich miteinander durch Assoziation geregelt, „verbunden", wodurch sich die Täuschung eines erfahrenen Identischen erkläre. Ebenso für die Person: ein identisches „Ich" ist kein Datum, sondern ein unaufhörlich wechselnder Haufen von Daten. Die Identität ist eine psychologische Fiktion. Zu den Fiktionen dieser Art gehört auch die Kausalität, die notwendige Folge. Die immanente Erfahrung zeigt nur ein *post hoc*. Das *propter hoc*, die Notwendigkeit der Folge, ist eine fiktive Unterschiebung. So verwandelt sich in Humes „Treatise" die Welt überhaupt, die Natur, das Universum identischer Körper, die Welt der identischen Personen, danach auch die objektive Wissenschaft, die sie in ihrer objektiven Wahrheit erkennt, in

Fiktion. Konsequent müssen wir sagen: Vernunft, Erkenntnis, auch die wahrer Werte, reiner Ideale jeder, auch der ethischen Art – das alles ist Fiktion.

Es ist also in der Tat ein *Bankrott der objektiven Erkenntnis.* Hume endet im Grunde in einen *Solipsismus.* Denn wie sollen Schlüsse von Daten auf Daten die immanente Sphäre überschreiten können? Freilich hat Hume nicht die Frage gestellt, jedenfalls kein Wort darüber gesagt, wie es dann mit *der* Vernunft steht, der Humes, die diese Theorie als Wahrheit begründet hat, die diese Seelenanalysen durchgeführt, diese Assoziationsgesetze erwiesen hat. Wie „verbinden" überhaupt Regeln assoziativer Zusammenordnung: Selbst wenn wir von ihnen wüßten, wäre das Wissen nicht selbst wieder ein Datum auf der Tafel?

Wie aller Skeptizismus, aller Irrationalismus, hebt auch der Humesche sich selbst auf. So erstaunlich Humes Genie ist, so bedauerlich ist es, daß sich damit nicht ein entsprechend großes philosophisches Ethos paart. Das zeigt sich darin, daß Hume in seiner ganzen Darstellung die widersinnigen Ergebnisse sanft zu umkleiden und ins Harmlose umzudeuten beflissen ist, obschon er (im Schlußkapitel des I. Bandes des „Treatise") immerhin die ungeheure Verlegenheit ausmalt, in die der konsequente theoretische Philosoph gerät. Anstatt den Kampf mit dem Widersinn aufzunehmen, statt die vermeintlichen Selbstverständlichkeiten, auf denen dieser Sensualismus und überhaupt der Psychologismus beruht, zu entlarven, um zu einer einstimmigen Selbstverständigung und einer echten Erkenntnistheorie durchzudringen, bleibt er in der bequemen und sehr eindrucksvollen Rolle des akademischen Skeptizismus. Durch dieses Verhalten ist er zum Vater eines noch immer wirksamen schwächlichen Positivismus geworden, der den philosophischen Abgründen ausweicht oder sie oberflächlich verdeckt, sich mit den Erfolgen der positiven Wissenschaften und deren psychologistischer Aufklärung beruhigend.

§ 24 *Das im Widersinn der Humeschen Skepsis verborgene echte philosophische Motiv der Erschütterung des Objektivismus*

Machen wir einen Augenblick halt. Warum bedeutet Humes „Treatise" (dem gegenüber der „Essay über den menschlichen Verstand" eine arge Abschwächung ist) ein so großes historisches Ereignis? Was war da geschehen? Der Cartesianische Radikalismus der Voraussetzungslosigkeit, mit dem Zweck, echte wissenschaftliche Erkenntnis auf die letzten Geltungsquellen zurückzuführen und von ihnen aus absolut zu begründen, forderte subjektiv gerichtete Überlegungen, forderte den Rückgang auf das erkennende Ich in seiner Immanenz. Wie wenig man Descartes' erkenntnistheoretische Gedankenführung billigen mochte, der Notwendigkeit dieser Forderung konnte man sich nicht mehr entziehen. Aber war das Cartesianische Vorgehen zu verbessern, war sein Ziel, den neuen philosophischen Rationalismus absolut zu begründen, nach den skeptischen Angriffen noch erreichbar? Im voraus sprach dafür die ungeheure Wucht der sich überstürzenden mathematischen und naturwissenschaftlichen Entdeckungen. So waren alle, die sich selbst an diesen Wissenschaften durch Forschung oder Studium beteiligten, vorweg schon dessen gewiß, daß ihre Wahrheit, ihre Methode den Stempel der Endgültigkeit und Musterhaftigkeit an sich habe. Und nun bringt der empiristische Skeptizismus das zutage, was schon in der Cartesianischen Fundamentalbetrachtung unentfaltet lag, nämlich, daß die *gesamte Welterkenntnis*, die vorwissenschaftliche wie die wissenschaftliche, ein *ungeheures Rätsel* sei. Leicht folgte man Descartes beim Rückgang auf das apodiktische Ego in der Interpretation desselben als *Seele*, in der Fassung der Urevidenz als Evidenz der „inneren Wahrnehmung". Was war dann auch einleuchtender als die Art, wie Locke die Realität der abgetrennten Seele und der innerlich in ihr verlaufenden Geschichtlichkeit, der innerseelischen Genesis, durch das „white paper" illustrierte und diese Realität also naturalisierte? War dann aber der Berkeleysche und Humesche „Idealismus" zu vermeiden, und schließlich der Skeptizismus mit all seinem Widersinn? Welche Paradoxie! Nichts konnte die eigene Kraft der rasch erwachsenen und in ihren eigenen Leistungen unangreifbaren exakten Wissenschaften, den Glauben an ihre Wahrheit lähmen. Und doch, so wie man in Rechnung zog, daß sie Bewußtseinsleistungen der erkennenden Subjekte sind, verwandelte sich ihre Evidenz und Klarheit in unverständlichen Widersinn. Daß bei Descartes die immanente Sinnlichkeit Weltbilder erzeugt, gab keinen Anstoß; aber bei Berkeley erzeugte diese Sinnlichkeit *die Körperwelt selbst,* und bei Hume erzeugte die ganze Seele mit ihren „Impressionen" und „Ideen", ihren, den physischen analog gedachten zugehörigen Kräften, Assoziationsgesetzen (als Parallele des Gravitationsgesetzes!) die ganze Welt, die *Welt selbst,* und nicht etwa nur ein Bild – aber freilich dieses Erzeugnis war bloß eine Fiktion, eine innerlich zurechtgemachte und eigentlich ganz vage Vorstellung. Und das gilt für die Welt der rationalen Wissenschaften ebenso wie für die der *experientia vaga.*

War hier trotz des Widersinnes, der an Besonderheiten der Voraussetzungen liegen mochte, nicht eine verborgene unausweichliche Wahrheit fühlbar; zeigte sich hier nicht eine *völlig neue Art* an, die Objektivität der Welt und ihren ganzen Seinssinn und korrelativ den der objektiven Wissenschaften zu beurteilen, die nicht dessen eigenes Recht, wohl aber ihren philosophischen, ihren metaphysischen Anspruch angriff: den einer absoluten Wahrheit? Jetzt endlich konnte und mußte man dessen doch inne werden – was in diesen Wissenschaften ganz und gar unberücksichtigt geblieben war –, daß Bewußtseinsleben *leistendes* Leben ist, ob recht oder schlecht, Seinssinn leistendes; schon als sinnlich anschauliches, und erst recht als wissenschaftliches. Descartes hatte sich nicht darein vertieft, daß, so wie die sinnliche Welt, die des Alltags, *cogitatum* sinnlicher *cogitationes* ist, so die wissenschaftliche Welt *cogitatum wissenschaftlicher cogitationes,* und den Zirkel nicht bemerkt, in dem er stand, wenn er schon im Gottesbeweis die *Möglichkeit* von das Ego transzendierenden Schlüssen voraussetzte, während doch diese

Möglichkeit durch diesen Beweis erst begründet werden sollte. Daß die ganze Welt selbst ein *cogitatum* aus der universalen Synthesis der mannigfaltig strömenden *cogitationes* sein könnte und daß in höherer Stufe die Vernunftleistung der darauf gebauten wissenschaftlichen *cogitationes* für die wissenschaftliche Welt konstitutiv sein könnte, dieser Gedanke lag ihm ganz fern. Aber war er nun nicht nahegelegt durch Berkeley und Hume – unter der Voraussetzung, daß der Widersinn dieses Empirismus nur in einer gewissen *vermeintlichen Selbstverständlichkeit* lag, durch welche vorweg die immanente Vernunft ausgetrieben war? Durch das Wiederaufleben und die Radikalisierung des Cartesianischen Fundamentalproblems, durch Berkeley und Hume war, von unserer kritischen Darstellung aus gesehen, der *„dogmatische" Objektivismus* aufs Tiefste *erschüttert*: nicht nur der die Zeitgenossen begeisternde *mathematisierende Objektivismus*, der eigentlich der Welt selbst ein mathematisch-rationales An-sich zuschrieb (das wir in unseren mehr oder minder vollkommenen Theorien und immer besser sozusagen abbilden), sondern der *Objektivismus überhaupt*, der die Jahrtausende beherrscht hatte.

§ 25 *Das „transzendentale" Motiv im Rationalismus: Kants Konzeption einer Transzendentalphilosophie*

Hume nimmt bekanntlich auch eine besondere Stellung in der Geschichte ein durch die Wendung, die er in der Entwicklung des Kantischen Denkens bewirkt hat. Kant selbst sagt in dem vielzitierten Worte, Hume habe ihn aus seinem dogmatischen Schlummer erweckt und seinen Untersuchungen auf dem Felde der spekulativen Philosophie eine andere Richtung gegeben. War es also die historische Mission Kants, jene Erschütterung des Objektivismus, von der ich eben sprach, zu erfahren und in seiner Transzendentalphilosophie die Lösung der Aufgabe zu unternehmen, der Hume ausgewichen ist? Die Antwort muß *ver-*

neinend lauten. Es ist ein neuartiger transzendentaler Subjektivismus, der mit Kant einsetzt und sich in den Systemen des Deutschen Idealismus zu neuen Gestalten wandelt. Kant gehört nicht der von Descartes über Locke kontinuierlich sich auswirkenden Entwicklungslinie an, er ist nicht Fortsetzer Humes. Seine Interpretation der Humeschen Skepsis und die Art, wie er gegen sie reagiert, ist durch die eigene Abkunft von der Wolffschen Schule bedingt. Die „Revolution der Denkart“, die durch Humes Anstoß motiviert wird, ist nicht gegen den Empirismus gerichtet, sondern gegen die Denkart des nachcartesianischen Rationalismus, dessen großer Vollender Leibniz war, und der seine systematisch lehrbuchmäßige Darstellung, seine wirksamste, weithin überzeugendste Gestalt durch Chr. Wolff gewonnen hatte.

Was bedeutet zunächst, ganz allgemein gefaßt, der *„Dogmatismus“*, den Kant entwurzelt? So sehr in der nachcartesianischen Philosophie die „Meditationen“ fortwirken, so hatte sich doch gerade der leidenschaftliche Radikalismus, der sie bewegt, nicht auf Descartes' Nachfolger übertragen. Schnell bereit war man, anzuerkennen, was Descartes in der Rückfrage nach dem letzten Quell aller Erkenntnis erst begründen wollte und zu begründen so schwer fand – das absolute, metaphysische Recht der objektiven Wissenschaften, total gefaßt: der Philosophie, als der einen objektiven Universalwissenschaft, oder, was gleichkommt, das Recht des erkennenden Ego, seine Vernunftgebilde, vermöge der in seiner *„mens“* sich abspielenden Evidenzen, als Natur gelten zu lassen mit einem es transzendierenden Sinn. Die neue Konzeption der als Natur abgeschlossenen Körperwelt, die auf sie bezüglichen Naturwissenschaften: die korrelative Konzeption abgeschlossener Seelen und die auf sie bezügliche Aufgabe einer neuen Psychologie, und in rationaler Methode nach dem mathematischen Vorbild – das alles hatte sich durchgesetzt. In jeder Richtung war rationale Philosophie in Arbeit, das Interesse galt den Entdeckungen, den Theorien, der Strenge ihrer Schlüssigkeit, dementsprechend dem Allgemeinen der Methode und deren Vervollkommnung. Da war also viel und auch in wissenschaftlicher Allgemeinheit von Erkenntnis die Rede. Aber diese Erkenntnisreflexion war *nicht die transzendentale*, sondern eine *erkenntnispraktische*, also ähnlich derjenigen, die der Handelnde in irgendeiner anderen praktischen Interessensphäre übt und die sich in den allgemeinen Sätzen einer *Kunstlehre* ausspricht. Es handelte sich danach um das, was wir Logik zu nennen pflegen, obschon in einer traditionellen, sehr engen Begrenzung. Wir können somit ganz korrekt (den Sinn erweiternd) sagen: um eine *Logik als Normenlehre und Kunstlehre* in vollster Universalität zwecks der Gewinnung einer rationalen Philosophie.

Die thematische Richtung war also eine doppelte: *einerseits* auf ein systematisches Universum von „logischen Gesetzen", auf das theoretische Ganze der Wahrheiten, die als Normen für alle Urteile, die sollen objektiv wahr sein können, zu fungieren berufen sind; dazu gehört neben der alten formalen Logik noch die Arithmetik, die gesamte reine analytische Mathematik, also die „mathesis universalis" Leibnizens, überhaupt alles reine Apriori.

Andererseits ging die thematische Richtung auf allgemeine Betrachtungen über die Urteilenden als objektive Wahrheit Erstrebenden: wie sie von jenen Gesetzen normativen Gebrauch zu machen haben, damit die Evidenz, in der ein Urteil als ein objektiv wahres sich bezeugt, eintreten könne; desgleichen über die Weisen und Versuchungen des Mißlingens und dgl.

Nun war offenbar in allen im weiteren Sinne „logischen" Gesetzen, angefangen vom Widerspruchssatz, eo ipso *metaphysische Wahrheit* beschlossen. Ihre systematisch ausgeführte Theorie hatte von selbst die Bedeutung einer *allgemeinen Ontologie*. Was hier wissenschaftlich geschah, war das Werk der ausschließlich mit den der erkennenden Seele eingeborenen Begriffen operierenden reinen Vernunft. Daß diese Begriffe, daß die logischen Gesetze, daß reine Vernunftgesetzmäßigkeiten überhaupt eine metaphysisch-objektive Wahrheit haben, war *„selbstverständlich"*. Gelegentlich berief man sich in Erinnerung an Descartes auch auf Gott als Garanten, wenig bekümmert darum, daß erst die rationale Metaphysik Gottes Existenz zu erweisen hatte.

Gegenüber dem Vermögen rein apriorischen Denkens, dem der reinen Vernunft, stand das der Sinnlichkeit, das Vermögen der äußeren und inneren Erfahrung. Das in der äußeren Erfahrung von „außen" her affizierte Subjekt wird durch sie zwar affizierender Objekte gewiß, aber, um diese in ihrer Wahrheit zu erkennen, bedarf es der reinen Vernunft, d. i. des Systems der Normen, in denen sich diese auslegt, als der „Logik" für alle wahre Erkenntnis der objektiven Welt. So ist die Auffassung.

Was nun Kant anlangt, der schon von der empirischen Psychologie Einflüsse erfahren hatte, so wurde es ihm durch Hume empfindlich gemacht, daß zwischen den reinen Vernunftwahrheiten und der metaphysischen Objektivität ein Abgrund der Unverständlichkeit übrig blieb, nämlich wie eben diese Vernunftwahrheiten für Dingerkenntnis wirklich aufkommen könnten. Schon die vorbildliche Rationalität der mathematischen Naturwissenschaften verwandelte sich in ein Rätsel. Daß sie ihre tatsächlich ganz unzweifelhafte Rationalität, ihre Methode also, dem normativen Apriori der rein logisch-mathematischen Vernunft verdankte, daß diese in ihren Disziplinen eine unangreifbare reine Rationalität erwies, das stand fest. Naturwissenschaft ist freilich nicht rein rational, sofern sie der äußeren Erfahrung, der Sinnlichkeit bedarf; aber alles, was in ihr rational ist, verdankt sie der reinen Vernunft und deren Normierung; nur durch sie kann es rationalisierte Erfahrung geben. Was andererseits die Sinnlichkeit anbelangt, so hatte man allgemein angenommen, daß sie die bloß sinnlichen Empfindungsdaten ergibt, eben als Resultat der Affektion von außen her. Und doch tat man so, als ob die Erfahrungswelt des vorwissenschaftlichen Menschen – die noch nicht von der Mathematik logifizierte – die durch bloße Sinnlichkeit vorgegebene Welt sei.

Hume hatte gezeigt, daß wir dieser Welt Kausalität naiv einlegen, in der Anschauung notwendige Folge zu erfassen meinen. Dasselbe gilt von allem, was den Körper der alltäglichen Umwelt zum identischen Ding identischer Eigenschaften, Relationen usw. macht (wie dies Hume in dem Kant unbekannt gebliebenen „Treatise" in der Tat breit ausgeführt hatte). Daten und Datenkomplexe kommen und gehen, das vermeintlich bloß sinnlich erfahrene Ding ist kein durch diesen Wandel hindurch verharrendes Sinnliches. Der Sensualist erklärt es daher als Fiktion.

Er unterschiebt, werden *wir* sagen, der Wahrnehmung, die uns doch *Dinge* (die Alltagsdinge) vor Augen stellt, bloße Sinnesdaten. Mit anderen Worten, er übersieht, daß bloße Sinnlichkeit, auf bloße Empfindungsdaten bezogen, für keine Gegenstände der Erfahrung aufkommen kann. Also übersieht er, daß diese Erfahrungsgegenstände auf eine verborgene geistige Leistung verweisen, und das Problem, was das für eine Leistung sein kann. Vorweg muß sie doch eine solche sein, die die vorwissenschaftliche Erfahrung dazu befähigt macht, durch Logik, Mathematik, mathematische Naturwissenschaft in objektiver Gültigkeit, d. i. in einer für jedermann annehmbaren und bindenden Notwendigkeit erkennbar zu sein.

Kant aber sagt sich: Zweifellos erscheinen Dinge, aber nur dadurch, daß die sinnlichen Daten, im Verborgenen schon in gewissen Weisen durch apriorische Formen zusammengenommen, im Wandel logifiziert werden – ohne daß die als Logik, Mathematik offenbar gewordene Vernunft befragt worden und zu einer normativen Funktion gekommen wäre. Ist nun jenes quasi-Logische ein psychologisch Zufälliges, kann, wenn wir es wegdenken, eine Mathematik, eine Logik der Natur überhaupt eine Möglichkeit haben, mit bloßen sinnlichen Daten Objekte zu erkennen?

So sind, wenn ich recht sehe, die innerlich leitenden Gedanken Kants. Kant unternimmt nun in einem regressiven Verfahren in der Tat zu zeigen: Soll die gemeine Erfahrung wirklich Erfahrung von *Naturgegenständen* sein, von Gegenständen, die nach Sein und Nichtsein, nach So- und Andersbeschaffensein sollen in objektiver Wahrheit, also wissenschaftlich erkennbar sein können, dann muß die anschaulich erscheinende Welt schon ein Gebilde der Vermögen „reine Anschauung" und „reine Vernunft" sein, derselben, die sich in der Mathematik, in der Logik in einem explizierten Denken aussprechen.

Mit anderen Worten, die Vernunft hat eine *doppelte* Weise zu fungieren und sich zu zeigen. Die *eine* Weise ist ihre systematische Selbstauslegung, Selbstoffenbarung im freien und reinen Mathematisieren, im Tun der reinen mathematischen Wissenschaften. Sie setzt dabei die noch zur Sinnlichkeit gehörige Formung der „reinen Anschauung“ voraus. Beider Vermögen objektives Ergebnis ist die reine Mathematik als Theorie. Die *andere* Weise ist die der beständig verborgen fungierenden Vernunft, der immerfort sinnliche Daten rationalisierenden und immer schon solche rationalisiert habenden. Ihr objektives Ergebnis ist die sinnlich-anschauliche Gegenstandswelt – die empirische Voraussetzung alles naturwissenschaftlichen Denkens, als des die umweltliche Empirie durch die offenbare mathematische Vernunft bewußt normierenden Denkens. Wie die anschauliche Körperwelt, so ist die naturwissenschaftliche (und damit die wissenschaftlich zu erkennende dualistische) Welt überhaupt subjektives Gebilde unseres Intellekts, nur, daß das Material der sinnlichen Daten aus einer transzendenten Affektion durch „Dinge an sich“ herstammt. Diese sind der (objektiv-wissenschaftlichen) Erkenntnis prinzipiell unzugänglich. Denn dieser Theorie gemäß kann menschliche Wissenschaft als eine durch das Zusammenspiel der subjektiven Vermögen „Sinnlichkeit“ und „Vernunft“ (oder, wie Kant hier sagt, „Verstand“) gebundene Leistung nicht den Ursprung, die „Ursache“, der faktischen Mannigfaltigkeiten sinnlicher Daten erklären. Die letzten Voraussetzungen der Möglichkeit und Wirklichkeit objektiver Erkenntnis können nicht objektiv erkennbar sein.

Hatte die Naturwissenschaft sich als Zweig der Philosophie, der letzten Wissenschaft vom Seienden, ausgegeben und mit ihrer Rationalität geglaubt, über die Subjektivität der Erkenntnisvermögen hinaus das an sich Seiende erkennen zu können, so scheidet sich nun für Kant *objektive Wissenschaft,* als in der Subjektivität verbleibende Leistung, *von seiner philosophischen Theorie,* welche als

Theorie der in der Subjektivität sich notwendig vollziehenden Leistung und damit als Theorie der Möglichkeit und Tragweite objektiver Erkenntnis die Naivität der *vermeinten rationalen Philosophie der Natur als Natur-an-sich* enthüllt.

Wie diese Kritik für Kant nun doch der Anfang ist einer Philosophie im alten Sinne für das Universum des Seienden, also auch in das *rational* unerkennbare An-sich hineinreichend – wie er unter den Titeln „Kritik der praktischen Vernunft" und „Urteilskraft" nicht nur philosophische Ansprüche einschränkt, sondern Wege in das „wissenschaftlich" unerkennbare An-sich glaubt eröffnen zu können, ist bekannt. Wir haben hier darauf nicht einzugehen. Was uns jetzt interessiert, ist – in formaler Allgemeinheit gesprochen –, daß Kant in Reaktion gegen den Datenpositivismus Humes – so wie er ihn versteht – eine große, systematisch gebaute, *in neuer Art* doch wissenschaftliche Philosophie entwirft, in welcher die Cartesianische Wendung zur Bewußtseinssubjektivität sich in Form eines transzendentalen Subjektivismus auswirkt.

Wie immer es mit der Wahrheit der Kantischen Philosophie steht, über die wir hier nicht zu urteilen haben, übergehen dürfen wir nicht, daß *Hume*, so wie *Kant* ihn versteht, nicht der wirkliche Hume ist.

Kant spricht vom *„Humeschen Problem"*. Was ist das wirkliche, das *Hume selbst* bewegende? Wir finden es, wenn wir Humes skeptische Theorie, seine Totalbehauptung zurückverwandeln in sein *Problem*, es in die Konsequenzen erweiternd, die in der Theorie nicht ganz vollständig ihren Ausdruck finden, obschon es schwer ist, anzunehmen, daß ein Genie der Geistesart Humes die nicht ausdrücklich gezogenen und theoretisch behandelten Konsequenzen nicht gesehen habe. Wenn wir so verfahren, finden wir nichts minderes als das universale Problem:

Wie ist die *naive Selbstverständlichkeit* der Weltgewißheit, in der wir leben, und zwar sowohl die Gewißheit der *alltäglichen* Welt, als die der gelehrten *theoretischen Konstruktionen* aufgrund dieser alltäglichen Welt, zu einer *Verständlichkeit* zu bringen?

Was ist das, nach Sinn und Geltung: „objektive Welt“, objektiv wahres Sein, auch objektive Wahrheit der Wissenschaft, wenn einmal von Hume her (und hinsichtlich der Natur schon von Berkeley) universal gesehen ist, daß „*Welt*“ eine in der Subjektivität, – und von mir, dem jeweils Philosophierenden aus gesprochen – eine in *meiner* Subjektivität entsprungene Geltung ist, mit all ihrem Inhalt, in dem sie jeweils und je für mich gilt?

Die *Naivität* der Rede von „Objektivität“, die die erfahrende, erkennende, die wirklich konkret leistende Subjektivität ganz außer Frage läßt, die *Naivität* des Wissenschaftlers von der Natur, von der Welt überhaupt, der blind ist dafür, daß alle die Wahrheiten, die er als objektive gewinnt, und die objektive Welt selbst, die in seinen Formeln Substrat ist (sowohl als alltägliche Erfahrungswelt, wie auch als höherstufige begriffliche Erkenntniswelt), sein eigenes, in ihm selbst gewordenes *Lebensgebilde* ist, – ist natürlich nicht mehr möglich, sowie *das Leben* in den Blickpunkt rückt. Und muß diese Befreiung nicht dem zuteil werden, der sich ernstlich in den „Treatise“ vertieft und nach der Enthüllung der naturalistischen Voraussetzungen Humes der Macht seiner Motivation bewußt wird?

Aber wie ist dieser *radikalste Subjektivismus*, der die Welt selbst subjektiviert, faßbar? Das Welträtsel im tiefsten und letzten Sinne, das Rätsel einer Welt, deren Sein *Sein aus subjektiver Leistung* ist, und das in der Evidenz, daß eine andere überhaupt nicht denkbar sein kann, das – und nichts anderes ist *Humes Problem*.

Kant aber, der – wie leicht zu sehen ist – so viele *Voraussetzungen* in „selbstverständlicher“ Geltung hat, die im Humeschen Sinne in diesem Welträtsel einbegriffen sind, ist zu diesem selbst nie vorgestoßen. Seine Problematik steht eben ganz auf dem Boden des von Descartes über Leibniz zu Wolff verlaufenden Rationalismus.

In dieser Weise versuchen wir die schwer deutbare Stellung Kants zu seiner historischen Umgebung an dem das Kantische Denken erst leitenden und bestimmenden Problem der rationalen Naturwissenschaft verständlich zu machen. Was uns jetzt besonders interessiert, ist – zunächst in formaler Allgemeinheit gesprochen –, daß in Reaktion gegen den Humeschen Datenpositivismus, welcher in seinem Fiktionalismus die Philosophie als Wissenschaft aufgibt, nun *zum ersten Male seit Descartes* eine große und systematisch aufgebaute wissenschaftliche Philosophie auftritt, die anzusprechen ist als *transzendentaler Subjektivismus.*

§ 26 *Vorerörterung über den uns leitenden Begriff des „Transzendentalen"*

Ich möchte hier gleich bemerken: das Wort *„Transzendentalphilosophie"* ist seit Kant gebräuchlich geworden, und dies auch als allgemeiner Titel für universale Philosophien, deren Begriffe man dann am Typus der Kantischen orientiert. Ich selbst gebrauche das Wort „transzendental" *in einem weitesten Sinne* für das – von uns oben ausführlich erörterte – originale Motiv, das durch Descartes in allen neuzeitlichen Philosophien das sinngebende ist und in ihnen allen sozusagen zu sich selbst kommen, die echte und reine Aufgabengestalt und systematische Auswirkung gewinnen will. Es ist das Motiv des Rückfragens nach der letzten Quelle aller Erkenntnisbildungen, des Sichbesinnens des Erkennenden auf sich selbst und sein erkennendes Leben, in welchem alle ihm geltenden wissenschaftlichen Gebilde zwecktätig geschehen, als Erwerbe aufbewahrt und frei verfügbar geworden sind und werden. Radikal sich auswirkend, ist es das Motiv einer rein aus dieser Quelle begründeten, also letztbegründeten Universalphilosophie. Diese Quelle hat den Titel *Ich-selbst* mit meinem gesamten wirklichen und vermöglichen Erkenntnisleben, schließlich meinem konkreten Leben überhaupt. Die ganze transzendentale Problematik kreist um das Verhältnis *dieses* meines Ich – des *„Ego"* – zu dem, was zunächst selbstverständlich dafür gesetzt wird: meiner *Seele*, und dann wieder um das Verhältnis dieses Ich und meines Bewußtseinslebens zur *Welt*, deren ich bewußt bin, und deren wahres Sein ich in meinen eigenen Erkenntnisgebilden erkenne.

Natürlich ist dieser allgemeinste Begriff des „Transzendentalen“ kein dokumentarisch zu belegender; er ist nicht zu gewinnen durch die immanente Auslegung der einzelnen Systeme und deren Vergleichung. Vielmehr ist er ein durch Vertiefung in die einheitliche Geschichtlichkeit der gesamten philosophischen Neuzeit erworbener Begriff: der Begriff von ihrer, nur so nachweisbaren, in ihr als Entwicklungstriebkraft liegenden, von vager Dynamis zu ihrer Energeia hinstrebenden Aufgabe.

Das ist hier nur eine Vordeutung, die durch unsere bisherige geschichtliche Analyse schon einigermaßen vorbereitet ist, während erst die weiteren Darstellungen das Recht unserer Art „teleologischer“ Geschichtsbetrachtung und ihrer methodischen Funktion für einen endgültigen Aufbau einer ihrem eigensten Sinn genügenden Transzendentalphilosophie erweisen sollen. Diese Vordeutung auf einen *radikalen transzendentalen Subjektivismus* wird natürlich Befremden und Skepsis erwecken. Das ist mir sehr willkommen, *falls* diese Skepsis nicht vorweg die Entschlossenheit zur Ablehnung besagt, sondern eine freie Zurückhaltung jedes Urteils bedeutet.

§ 27 *Die Philosophie Kants und seiner Nachfahren in der Perspektive unseres Leitbegriffs vom „Transzendentalen“. Die Aufgabe einer kritischen Stellungnahme*

Kehren wir wieder zu Kant zurück, so ist sein System sehr wohl auch in dem definierten allgemeinen Sinne als „transzendentalphilosophisch“ zu bezeichnen, obschon es weit davon entfernt ist, eine wirklich radikale Begründung der Philosophie, der Totalität aller Wissenschaften zu leisten. In die ungeheuren Tiefen der Cartesianischen Fundamentalbetrachtung hat Kant sich nie eingelassen, und er ist auch nie von seiner eigenen Problematik veranlaßt worden, in diesen Tiefen letzte Begründungen und Entscheidungen zu suchen. Sollte es mir – wie ich hoffe –

in den nachfolgenden Darstellungen gelingen, die Einsicht zu erwecken, daß eine Transzendentalphilosophie um so echter ist, um so mehr ihren Beruf als Philosophie erfüllt, je radikaler sie ist; schließlich, daß sie überhaupt zu ihrem wirklichen und wahren Dasein allererst kommt, zu ihrem wirklichen und wahren Anfang, wenn der Philosoph zu einem klaren *Verständnis seiner selbst als der urquellend fungierenden Subjektivität* sich durchgerungen hat, so werden wir doch andererseits anerkennen müssen, daß Kants Philosophie auf dem *Wege* dahin ist; daß sie dem formal-allgemeinen Sinn einer Transzendentalphilosophie unserer Definition gemäß ist. Es ist eine Philosophie, die gegenüber dem vorwissenschaftlichen und auch wissenschaftlichen Objektivismus auf die *erkennende Subjektivität als Urstätte aller objektiven Sinnbildungen und Seinsgeltungen* zurückgeht und es unternimmt, die seiende Welt als Sinn- und Geltungsgebilde zu verstehen und auf diese Weise *eine wesentlich neue Art der Wissenschaftlichkeit und der Philosophie* auf die Bahn zu bringen. Tatsächlich ist, wenn wir die negativistisch-skeptische Philosophie eines Hume nicht mitrechnen, das Kantische System der erste und in erhebendem wissenschaftlichen Ernste durchgeführte Versuch einer wirklich universalen Transzendentalphilosophie, gemeint als *strenger Wissenschaft*, eines *nun erst entdeckten* und allein echten Sinnes strenger Wissenschaftlichkeit.

Ähnliches gilt, im voraus gesagt, für die großen Fortbildungen und Umbildungen des Kantischen Transzendentalismus in den großen Systemen des Deutschen Idealismus. Die Grundüberzeugung haben sie ja alle gemein, daß die objektiven Wissenschaften, so sehr sie sich und insbesondere die exakten Wissenschaften vermöge ihrer evidenten theoretischen und praktischen Leistungen als Stätten der einzig wahren Methode und als Schatzkammern letzter Wahrheiten einschätzen, überhaupt noch nicht ernstlich Wissenschaften, nicht Erkenntnisse aus letzter Begründung, d. i. letzter theoretischer Selbstverantwortung sind, – also auch nicht Erkenntnisse dessen sind, was in letzter Wahrheit ist. Das leiste allein eine transzendental-subjektive Methode und, durchgeführt als System, die Transzendentalphilosophie. Ähnlich wie schon bei Kant ist die Meinung nicht die, daß die *Evidenz der positiv-wissenschaftlichen Methode* eine Täuschung und ihre Leistungen nur Scheinleistungen seien, sondern daß diese Evidenz selbst ein *Problem* ist; daß die objektiv-wissenschaftliche Methode auf einem nie befragten, tief verborgenen subjektiven Grunde ruhe, dessen philosophische Erleuchtung erst den wahren Sinn der Leistungen positiver Wissenschaft und korrelativ den wahren Seinssinn der objektiven Welt herausstelle – eben als einen transzendental-subjektiven.

Um nun die Stellung Kants und der von ihm ausgehenden Systeme des transzendentalen Idealismus in der teleologischen Sinneinheit der neuzeitlichen Philosophie verstehen zu können, und damit in unserem eigenen Selbstverständnis weiter zu kommen, ist es notwendig, uns kritisch den Stil seiner Wissenschaftlichkeit näher zu bringen und damit auch den von uns bekämpften Mangel an Radikalismus in seinem Philosophieren zu klären. Bei Kant als einem bedeutsamen Wendepunkt innerhalb der neuzeitlichen Geschichte verweilen wir mit gutem Grunde. Die an ihm zu führende Kritik wird rückstrahlend die gesamte frühere Philosophiegeschichte erhellen, nämlich in Hinsicht auf den *allgemeinen Sinn der Wissenschaftlichkeit*, den alle *früheren* Philosophien zu verwirklichen strebten – als den einzigen, der überhaupt in ihrem geistigen Horizont lag und liegen konnte. Eben dadurch wird ein tieferer und der *allerwichtigste Begriff* von „Objektivismus" hervortreten (wichtiger noch als jener, den wir früher definieren konnten), und damit auch der eigentlich radikale Sinn des Gegensatzes von Objektivismus und Transzendentalismus.

Doch darüber werden die konkreteren kritischen Analysen der Gedankenbildungen der *Kantischen Wende* und ihre Kontrastierung mit der *Cartesianischen Wende* in einer Weise unser eigenes Mitdenken in Bewegung setzen, welches uns allmählich wie von selbst vor die *letzte Wende* und die letzten Entscheidungen stellt. Wir selbst werden in eine innerliche Verwandlung hineingezogen, in der uns die längst erfühlte und doch stets verborgene Dimension des „Transzendentalen" wirklich zu Gesicht, zu *direkter Erfahrung* kommt. Der in seiner Unendlichkeit eröffnete Erfahrungsboden wird alsbald zum Ackerfeld einer *methodischen Arbeitsphilosophie*, und zwar in der Evidenz, daß von diesem Boden aus alle erdenklichen philosophischen und wissenschaftlichen Probleme der Vergangenheit zu stellen und zu entscheiden sind.

NAMENREGISTER

SACHREGISTER

Bitte beachten Sie auch die
folgenden Literaturhinweise